¡Ayúdate!

Cambia tu perspectiva, cambia tu vida

AF100231

Carlos Gutiérrez

Nuestro mundo está cambiando y mejorándose

a través de nuestra nueva conciencia alta

Gotham Books

30 N Gould St.
Ste. 20820, Sheridan, WY 82801
https://gothambooksinc.com/

Phone: 1 (307) 464-7800

© 2023 *Carlos Gutiérrez*. All rights reserved.

No part of this book may be reproduced, stored in a retrieval system, or transmitted by any means without the written permission of the author.

Published by Gotham Books (September 21, 2023)

ISBN: 979-8-88775-072-9 (P)
ISBN: 979-8-88775-073-6 (E)

Because of the dynamic nature of the Internet, any web addresses or links contained in this book may have changed since publication and may no longer be valid.

The views expressed in this work are solely those of the author and do not necessarily reflect the views of the publisher, and the publisher hereby disclaims any responsibility for them.

NOTA DEL AUTOR

¡Ayúdate! trata sobre recordar lo que significa ser una persona espiritual al tener una experiencia física en este mundo. Trata sobre tomar una decisión personal. Es mi deseo que el mensaje trasmitido en este libro les ayude a examinar y cuestionar su antigua manera de pensar, especialmente si no les ha funcionado.

¡Ayúdate! es para quienes tienen el deseo de evolucionar espiritualmente y experimentar su yo interior, y para aquellos que ya están practicando la espiritualidad y quieren evolucionar aún más. Ha sido escrito para servirnos como recordatorio de nuestra verdadera realidad espiritual y está basado en mis experiencias personales y las inspiraciones de mi alma, seres angélicos, guías espirituales y otros maravillosos trabajadores de la luz.

Yo sé que nuestro mundo está cambiando y mejorando con nuestra conciencia alta. Creo que existen mil formas de evolucionar espiritualmente. Comprender y honrar tu conciencia espiritual puede ayudarte a evolucionar más rápido, desde tu actual estado mental «humano» a un estado espiritual más evolucionado. Cada uno de nosotros abraza su camino espiritual de una manera única. Somos seres diferentes, magníficos y divinos, y ninguna persona es mejor, peor, superior o inferior a otra. Todos somos una familia en este universo.

Yo asumo que mi alma (mi conciencia) eligió a mis padres y seleccionó el lugar y el año en el que reencarné, así como mi orden de nacimiento en mi familia y mi género. Mi alma también atrajo a personas específicas a mi vida para que pudiera perseguir mi espiritualidad a través de mis propias decisiones y, lo que es más importante, a través de mis experiencias espirituales internas.

¡Ayúdate! desarrolla partes de mi último libro *«Nuestras Verdades Espirituales»*. En este nuevo libro comparto importantes autorrevelaciones espirituales con la esperanza de que estas reflexiones profundicen el despertar de tu conciencia. Estoy honrado que hayas elegido este libro para que sea parte de tu vida cotidiana. Gracias.

RECONOCIMIENTOS

Me gustaría agradecer a mi *coach* de vida y mejor amigo, el Espíritu, que reside dentro de mi alma y mi cuerpo, por su continua inspiración y guía a lo largo de mi vida. Estoy agradecido por el enriquecimiento espiritual producido por mis experiencias trascendentales, pasadas y presentes, y espero con sincera gratitud a todas las personas que se manifestarán en mi futuro. Gracias también a mi familia, amigos y conocidos, por contribuir a este libro y por permitirme ser mi verdadero yo espiritual.

Gracias a Rose Winters por su edición sustantiva y especialmente a mis amistades Kathryn Abdul-Baki y Adam Whitley por su proceso de edición final.

Y lo que es más importante, gracias a todos los que han tenido el valor de dejar de lado temporalmente su antigua manera de pensar y leer este libro. Espero que la experiencia, con la sabiduría espiritual de sus páginas, los anime a acompañarme en la concreción de una sociedad más evolucionada.

PRÓLOGO

¿Qué es la vida? ¿Qué es el alma? ¿Qué es la mente? ¿Qué son las emociones? ¿Qué es la espiritualidad? ¿Qué es el universo? ¿Quiénes somos? ¿Qué hacemos aquí? Y lo más importante de todo: ¿Qué es el amor?

Estas son algunas de las preguntas espirituales más importantes que siempre hemos tenido en mente. Para ayudar a cocrear el fin del caos en nuestro mundo y tomar el control total de nuestras vidas, necesitamos responder a estas preguntas. Nuestros gobiernos y líderes religiosos necesitan reflexionar sobre ellas y así espiritualizar nuestros sistemas educativos, sociales, políticos, militares, económicos y de justicia. Si podemos responder a estas preguntas, podremos poner fin a nuestro comportamiento violento, a la injusticia, a la frustración, al sufrimiento, al hambre, al miedo y a la oscuridad. Para así experimentar la evolución espiritual para unir a la magnífica raza humana como una sola familia.

Si continuamos con la creencia de que no tenemos las respuestas a estas preguntas espirituales, seguiremos prolongando nuestra lucha. Si, en cambio, tenemos el deseo de comprender nuestra espiritualidad, atraeremos la sabiduría y la vida será mucho más fácil. Si comprendemos que estas respuestas espirituales han estado dentro de nuestras almas desde tiempos inmemoriales, desde la primera «creación», podremos cambiar y sanarnos nosotros mismos en el futuro.

Quiero invitarlos e invitarlas a mi familia espiritual, a que me acompañen en este viaje espiritual. En este eterno momento y unidos, respondamos a estas importantes preguntas espirituales.

TABLE OF CONTENTS

NOTA DEL AUTOR iii
RECONOCIMIENTOS v
PRÓLOGO vi
INTRODUCCIÓN xi
CAPÍTULO 1 14
El dominio de nuestra vida 14
CAPÍTULO 2 20
Cambios de la vida 20
CAPÍTULO 3 24
Nuestra mente 24
CAPÍTULO 4 29
Nuestras antiguas creencias 29
CAPÍTULO 5 33
El poder de las ilusiones 33
CAPÍTULO 6 41
El concepto del tiempo 41
CAPÍTULO 7 44
Mentiras tóxicas, duda y confianza 44
CAPÍTULO 8 51
Nuestras emociones espirituales 51
CAPÍTULO 9 59
Expresando nuestro amor interno 59
CAPÍTULO 10 66
Relaciones amorosas 66
CAPÍTULO 11 75
El milagro del sexo 75

CAPÍTULO 12 80
La amistad 80
CAPÍTULO 13 82
Lo similar se atrae 82
CAPÍTULO 14 85
La familia humana 85
CAPÍTULO 15 93
Nuestra alma divina y eterna 93
CAPÍTULO 16 98
El poder de la meditación 98
CAPÍTULO 17 101
Estar en presencia para el empoderamiento 101
CAPÍTULO 18 107
Inspiraciones espirituales 107
CAPÍTULO 19 111
Nuestros asombrosos centros de energía espiritual 111
CAPÍTULO 20 121
La sabiduría de los sueños 121
CAPÍTULO 21 126
Sanación espiritual 126
CAPÍTULO 22 133
Experiencias de sanación 133
CAPÍTULO 23 138
El nuevo coach holístico de vida 138
CAPÍTULO 24 140
Tu salud 140
CAPÍTULO 25 144
Nuestro ineludible fallecimiento y reencarnación 144

CAPÍTULO 26 153
Las formas del cuerpo y sus características mentales 153
CAPÍTULO 27 164
Nuestra música convencional 164
CAPÍTULO 28 168
Mis observaciones de nuestro poderoso cerebro 168
CAPÍTULO 29 173
Revelaciones y experiencias espirituales 173
Definiciones espirituales 189
Mantra del alma para la mente 195
CONCLUSIÓN 196

INTRODUCCIÓN

A lo largo de mi existencia he tenido recuerdos de haber sido un mensajero espiritual en vidas pasadas y ahora estoy repitiendo las mismas metas en este mundo para servir a otros. Después de toda una vida observando las características mentales, físicas y espirituales de los demás con la ayuda de mi familia, estudiantes, amigos, profesores y conocidos, mis muchas observaciones intuitivas han sido validadas. Ahora, luego de varias décadas de conciencia espiritual, experiencias e investigación, comparto con ustedes en este libro mis conocimientos profundos, observaciones y experiencias respecto al comportamiento de la gente.

Hemos regresado a este mundo físico para recrearnos a nosotros mismos como seres espirituales. Nos hemos olvidado de nuestra verdadera esencia espiritual, hemos olvidado que, en efecto, este universo es un parque de diversiones al que venimos a disfrutar mientras evolucionamos espiritualmente hacia una conciencia más elevada para convertimos en maestros del universo.

Este es tu viaje. En esta búsqueda espiritual, inevitablemente, hay un final feliz, independientemente de las condiciones que hayas tenido, tengas ahora o puedas tener. Recuerda que la vida es un juego sin fin, en el que nunca nadie puede perder.

No existe lo correcto o lo incorrecto, simplemente existe lo que funciona para ti a través de tu propia conciencia, decisiones y acciones. Puedes llegar a amar incondicionalmente a todos y a todo, este es el aspecto más grandioso de la vida y la experiencia. Hasta ahora has estado buscando respuestas en todas partes para evolucionar y convertirte en uno con el Espíritu en este mundo. Ahora has encontrado lo que estabas buscando. El practicar las verdades de este libro te liberará de tu sufrimiento mental (conciencia baja), dolor físico, ilusiones y sentimientos de separación. Estarás unido a todos en este mundo a través de tu evolución espiritual, ahora y para siempre.

En el transcurso de mi vida, mi alma multidimensional ha atraído a amigos y conocidos significativos. Me ha alentado a ir tras el avance espiritual, tomando conciencia y recordando el conocimiento espiritual interno que he traído a este mundo. La sabiduría de este libro es global y universal, está presente en nuestras almas desde el día en que nos materializamos en esta vida física. He utilizado esta sabiduría para expandir mi propia mente y fortalecer mi camino espiritual. A mí me ha funcionado y también funcionará para ti.

Si estás leyendo *¡Ayúdate!* has sido atraído por tu Yo alto (alma) y es el momento correcto para permitir que la sabiduría de este libro expanda tu crecimiento espiritual. Es importante saber que en la vida no hay accidentes, coincidencias, víctimas o destinos, sino creadores y cocreadores. Cada pensamiento y acción de tu mente, cuerpo y alma es un acto de autodefinición que genera consecuencias basadas en el nivel espiritual de conciencia o desconocimiento.

Leer este libro y practicar sus verdades espirituales te ayudará a evolucionar hacia la alta conciencia. Espero practiques las sabidurías de tus capítulos favoritos, que experimentes tu conciencia multidimensional y que, por consiguiente, manifiestes tu propósito más elevado.

CAPÍTULO 1
El dominio de nuestra vida

El dominio de tu vida es la clave fundamental para abrir la puerta y tener más éxito. El dominio espiritual, la estabilidad financiera y la armonía social son formas deseables de éxito.

Vivir tu vida «inconscientemente» puede producir percepciones erróneas, como la creencia en la suerte, los accidentes, las coincidencias, el destino o la creencia de que un supuesto poder superior o Dios es responsable de tus circunstancias. Vivir tu vida de forma consciente, en cambio, produce conciencia y te permite tomar decisiones sabias y cocrear experiencias positivas con otros. Estas acciones te ayudarán con el dominio de tu vida.

Nota: recuerda que la conciencia alta que este mundo está liberando más que nunca, no significa que esta energía va a venir a nosotros y nos va a cambiar. Nosotros tenemos que elegir esta energía para poder evolucionar juntos, sentir unidad y así ayudar a los demás.

Alcanzar la conciencia espiritual o dominar tu vida puede llevarte a convertirte en creador de tu propio camino vital y a responsabilizarte de lo que te ocurre cada día. Como dueño de tu propia vida, te sentirás en capacidad de afrontar todos los retos con el fin de evolucionar en conciencia. Por ejemplo, si tú crees que eres indigno, imperfecto o no confiable, ese es el tipo de persona en la que te puedes convertir, porque tu creencia se convierte en tu verdad y se manifestará. Pero si crees que eres seguro de ti mismo, confiable y merecedor, estarás en el camino de convertirte en esa persona.

Si tu vida ha sido un reto, puede ser porque has estado reprimiendo tu espiritualidad siguiendo ciegamente lo que tus tradiciones, crianza, educación e instituciones te han enseñado. Si continúas haciendo esto, seguirás enfrentando desafíos y experimentando la separación mental, física y emocional con los demás. Si tienes el deseo de dominar tu vida, entonces necesitas dejar de lado tu antigua manera de pensar y desarrollar nuevas perspectivas espirituales para cambiar y dominar tu vida.

No confundas el propósito de la vida con tus talentos personales. El propósito de la vida y la razón por la que estás aquí es seguir evolucionando o conocerte espiritualmente para dominar tu vida y expresar el amor del Espíritu. Tus talentos actuales, como ser escritor, cantante, bailarín, atleta, empresario o doctor, no tienen por qué impedirte evolucionar. Sigue tu entusiasmo o tu pasión en la vida mientras evolucionas espiritualmente. Entonces podrás disfrutar verdadera e internamente de la vida al máximo.

He dominado mi vida practicando mis perspectivas espirituales junto con el desarrollo de mis carreras como profesional de la danza, consejero de vida y sanador espiritual. Mis perspectivas espirituales siguen evolucionando y cambiando hacia una sabiduría más profunda, para vivir mi vida con poco estrés, preocupaciones y lo más saludable posible.

Me gustaría compartir algunas perspectivas espirituales respecto a cómo dominar tu vida:

La vida es un proceso de recordar que eres amor, compasión, paz, alegría y sabiduría para que puedas evolucionar a través de esta conciencia alta.

∞

La vida es un juego divertido (evolucionando espiritualmente), para que puedas disfrutar ascendiendo. El disfrute abre tu mente para que tu alma pueda traerte una conciencia profunda y experiencias espirituales. Todas las experiencias de la vida (positivas y negativas) conducen al crecimiento espiritual y al dominio de tu vida.

∞

Vivir tu vida espiritualmente desarrollará tu increíble intuición y creatividad. Estarás más sano y feliz y tendrás menos retos y preocupaciones. Nada en la vida te elige o llega a ti por accidente. Todo llega a ti porque lo has cocreado con otros o atraído como una oportunidad para evolucionar de las experiencias positivas o negativas.

∞

Cuanto más evolucionas espiritualmente, más protegido del peligro estarás por medio de la conciencia alta de tu alma que la mayoría de las veces creará experiencias positivas.

∞

Sé consciente de que la vida es un proceso de recreación y materialización (en esta dimensión física y espiritual) por parte del Espíritu (nuestro Creador). Cada elemento de nuestro mundo físico se refleja en el mundo espiritual: las opciones y posibilidades de experiencia son infinitas.

∞

En este universo espiritual y físico la vida es energía, es una experiencia interna que existe en tu alma y no en tu mente. La vida siempre está en movimiento, moviéndose hacia arriba (no hacia abajo), moviéndose hacia adelante (no hacia atrás). Busca avanzar espiritualmente para disfrutar de la vida.

∞

Al permitirte comprender el amor (la energía más elevada del universo), puedes experimentar, a través de tu alma, cuerpo y mente, la unidad, la compasión, la libertad, la alegría, la sabiduría y la paz en ti mismo y en todos los demás en este mundo.

∞

La vida, que tiene fuerzas positivas y negativas, no es una escuela a la que vienes a pagar las deudas del karma de vidas pasadas. La vida es una evolución espiritual a través de las elecciones que haces mientras estás en esta forma física.

∞

Nunca cedas tu libertad personal a los demás. La libertad es un poder interior que puede ayudarte a seguir tu propia sabiduría espiritual y a mejorar tu identidad y confianza en ti mismo.

∞

Una vida espiritual puede conducirte hacia la autorrealización. Te permite prescindir de las viejas perspectivas convencionales de otras personas. A través de tu alma puedes crear tus propias perspectivas sobre la vida.

∞

Vive tu vida por elección (siendo consciente). Toma decisiones y acciones conscientes. Si vives la vida por casualidad o por coincidencia (sin ser consciente), estás permitiendo que tus experiencias pasadas creen tus experiencias presentes a nivel subconsciente. Es importante recordar que no eres tú pasado y que tu vida está siempre en frente de ti.

∞

Muchos de nosotros vivimos la vida al nivel subconsciente (rutinas) en el 90% del nuestro tiempo. Así es más difícil expandir nuestras mentes o cambiar a una diferente realidad de conciencia alta. Nosotros estamos demasiado confortables dentro de nuestra caja de limitaciones y dramas. Por otro lado, nunca es tarde para cambiar y expandir nuestra espiritualidad.

∞

Nadie puede ayudarte en la vida a menos que tengas el deseo de ayudarte a ti mismo primero. Tu deseo permite que maestros espirituales, mensajeros, gurús y otros vengan a ti y te ayuden a evolucionar en conciencia.

CAPÍTULO 2

Cambios de la vida

Nuestro mundo está mejorando y está cambiando lentamente a través de nuestra alta conciencia. Somos más amables los unos a los otros, las grandes y pequeñas compañías o corporaciones están más transparentes que antes. Por otro lado, si vemos las noticias por televisión, la mayor parte del contenido es negativo, porque es entretenido y es difícil cambiar estos hábitos, pero la gente se está apartando de las malas noticias.

Los cambios en la vida son un proceso natural, interno y espiritual que te proporcionan grandes oportunidades para evolucionar en conciencia. En muchos sentidos, tú, consciente o inconscientemente, eres responsable de los cambios de vida que experimentas o estás cocreando. Puedes experimentar transiciones de vida a través de una experiencia cercana a la muerte, un accidente, el fallecimiento de un ser querido, un cambio de carrera o simplemente sentirte internamente vacío (crisis de la mediana edad). Cuando surgen estos retos, puede ser una señal de que tu antigua forma de pensar no está funcionando y no te está ayudando a evolucionar espiritualmente.

Las transiciones de vida ocurren durante periodos de desarmonía interna, pero al ampliar y cambiar tu perspectiva espiritual, estimularás la armonía interna. Por ejemplo, creer en la abundancia en el trabajo o en tu vida personal te permitirá a tener y competir con los demás. La competencia puede crear un estrés excesivo y una separación de otros. Creer en la abundancia puede manifestarse de diferentes formas, tales como experimentar la paz entre las personas, cuidar de los demás, tener lo suficiente para que todos vivan bien y, lo más importante, amarse.

Tarde o temprano, todos los cambios en la vida te hacen avanzar a través de la conciencia alta de tu alma. La velocidad de querer cambiar hacia tu conciencia alta depende de ti.

Quiero compartir las siguientes perspectivas espirituales para cambiar tu mentalidad con el fin de evolucionar en conciencia:

Los cambios en la vida pueden ayudarte a alterar tu vieja manera de pensar para sobreponer tus miedos y tu comportamiento negativo. Cuando desafías el miedo al cambio, te das cuenta de que la transición es el proceso con el que puedes evolucionar. Pero si sigues creyendo o repitiéndote que la vida es difícil, entonces la vida se te va a hacer difícil, porque esta idea está impresa en tu subconsciente a través de tus pensamientos. Con esta actitud, te vas a mantener en tu zona cómoda, sin evolucionar. Sin embargo, si tienes el deseo de evolucionar en conciencia. Entonces vas a cambiar y atraer el proceso de la vida a través de otros.

∞

Cuando notes que algo va mal en tu vida, detente, da un paso atrás, relájate y permite que tu intuición te guíe. Una transición drástica de vida puede ser una llamada de atención para modificar viejas ideas que te han transmitido tus propias instituciones religiosas, gobiernos o tu familia.

∞

Cuando te resistes a las transiciones en la vida es porque tu mente subconsciente (tus hábitos) se interpone en tu evolución. Acepta y espera los cambios para tener una vida más plena. Sigue actualizando tu antigua manera de pensar a través de la espiritualidad (evolucionando con la alta conciencia) para ser más optimista sobre la vida y encontrar soluciones para los retos que se te presentan, cocreando o atrayendo. Cuanto más evolucionas, más experimentarás la conciencia alta. Entonces traerás el equilibrio interno a este mundo.

∞

No es importante cómo está cambiando el mundo exterior y lo que está ocurriendo en él, lo importante es cómo respondes al cambio para que no te afecte. Cuando hay caos en el mundo, mantente en paz porque tu tranquilidad contribuirá a que haya menos caos en tu mundo interior.

Sé consciente de que, a nivel mental, estás evolucionando y cambiando continuamente, así que acepta la transformación y sigue la corriente de la vida. Acepta, perdona y sé más compasivo contigo mismo para que puedas ayudarte a ti mismo y a los demás.

∞

Cuando reflexionas sobre los desafíos de la vida, te das cuenta de que no son desafíos en absoluto; son el resultado de viejas perspectivas que crean obstáculos para el crecimiento espiritual. En otras palabras, no hay errores en la vida, solamente más lecciones. Cuestionar tu antigua manera de pensar es un método para conectarte con tu conciencia alta y adquirir sabiduría de tu alma. Tranquilizar tu mente ocupada e inquisitiva estimulará la búsqueda de respuestas de tu alma a través de la meditación.

∞

El crecimiento espiritual es un proceso lento que requiere que vayas con la corriente de tu propia vida, así que tómate tu tiempo, no tengas prisa y sé paciente contigo mismo. El estudio de la espiritualidad te hace finalmente consciente de tu propia intuición para sobreponer tus retos.

CAPÍTULO 3
Nuestra mente

Llevamos tanto tiempo siguiendo perspectivas viejas de nuestros antepasados, que aún las aceptamos como verdades. Por medio del condicionamiento, las vidas y experiencias de nuestros ancestros se mantienen en nuestras mentes y cuerpos de forma subconsciente, por lo que hemos reprimido miedos, emociones y espiritualidad.

La mente es el depósito de pensamientos ilimitados a través de cada célula de nuestro cuerpo, de nuestra mente subconsciente (memoria muscular) y de la conciencia de nuestra alma, creando así nuestro comportamiento. Hacer elecciones conscientes y decidir que es mejor para nosotros puede ayudar a nuestra sociedad a evolucionar.

Somos una parte de la conciencia colectiva y contribuimos en gran medida a lo que el mundo crea y experimenta a través de nuestra mentalidad y comportamiento. A través de nuestros pensamientos, participamos en la creación del bienestar de la sociedad. La mente puede ser nuestra mejor amiga o nuestra peor enemiga. Podemos contribuir a la mayor paz o a las peores guerras. Podemos encontrar nuestra libertad interna en nuestra mente para recrear o seguir nuestras perspectivas espirituales y vivir en paz en nuestro mundo.

A continuación, algunas perspectivas sobre la mente que pueden ayudarnos a comprendernos mejor:

Las grandes mentes escuchan las inspiraciones de su alma para iluminarse y ayudar a los demás. El conocimiento se encuentra en tu mente y la sabiduría en tu alma. Elige y empieza a aplicar la sabiduría a través de tus experiencias pasadas.

∞

Al cambiar nuestra perspectiva, podemos ayudarnos a nosotros mismos y a los demás a superar los retos diarios. A través de nuevas perspectivas de estar unidos, podemos evolucionar en conciencia más rápido. Si sigues recordando a ti mismo que eres una persona digna, eso es exactamente en lo que te convertirás.

∞

Nuestro ego es parte de nuestra mente, individualizado de nosotros, y nos permite conocernos a nosotros mismos y a quienes deseamos ser en cada momento presente. Nuestro ego puede ayudarnos a evolucionar espiritualmente si nos entrenamos para ser más positivos y unirnos con otros.

Un falso ego, en cambio, genera separación y un sentimiento de superioridad sobre los demás, así como una actitud de tener mayormente la razón (signo de inseguridad). Si estamos en un «viaje del ego», seguiremos discutiendo con mucha gente. Por lo tanto, si estamos inmersos en el ego, tardaremos más en evolucionar porque no estamos abiertos a las perspectivas espirituales.

∞

La mente no comprende el momento presente porque reside en los recuerdos del pasado. Mientras que la mente guarda visiones del pasado, el cuerpo físico refleja nuestra actual perspectiva mental y nuestra alma posee las posibilidades futuras de obtener mejores resultados. Expresar la perspectiva de nuestra alma, como el perdón, puede sanar nuestras pasadas experiencias negativas.

∞

Durante mucho tiempo la mente ha permanecido en la zona cómoda de nuestras viejas perspectivas. Así, la mente puede impedirnos evolucionar. Cuando deseamos crecer, salimos de nuestra zona cómoda y nos permitimos cambiar para encontrar nuestra verdad espiritual.

∞

Pensar demasiado nos hace menos conscientes de nuestro ser interno y de nuestro entorno externo y, por tanto, nos distrae. Si reconocemos el momento presente observando y sintiendo en lugar de pensar demasiado, seremos más conscientes de nosotros mismos y de nuestro entorno.

∞

La mente de un individuo introvertido, ocupada con los aspectos internos de la vida, puede encontrar soluciones a través del alma creativa más rápidamente que la mente de un extrovertido, que está ocupada o distraída con los aspectos externos de la vida.

∞

Hacer juicios negativos sobre los demás en nuestra mente proyectará esa energía sobre ellos, por lo que no les permitirá cambiar. Para ayudar a los demás en su proceso de cambio, envía energía positiva, como amor, en lugar de proyectar en ellos ideas de lo correcto y lo incorrecto. Hacer juicios negativos de otras personas, te baja tu energía. Deja de hacerlo.

∞

Nuestras mentes pueden evolucionar más rápido con otros, que son espiritualmente más evolucionados, porque ellos nos pueden hacer recordar quienes somos realmente: seres magníficos.

∞

Nuestros pensamientos se proyectan en todas las direcciones más rápido que la velocidad de la luz. Los pensamientos positivos o negativos se manifestarán y crearán resultados. Lo que proyectas lo atraerás y lo manifestarás.

∞

Ser demasiado sentimental nos ata emocionalmente a nuestro pasado. El sentimentalismo puede obstaculizar nuestra evolución espiritual porque no nos hace avanzar. Recuerda que la vida siempre está por delante de nosotros.

∞

La evolución de la mente es principalmente espiritual. Sin embargo, cuando espiritualicemos nuestra mente, trataremos mejor a nuestro cuerpo (comer de forma más nutritiva, hacer ejercicio, reducir el estrés) y estaremos más sanos.

∞

Nuestras perspectivas espirituales pueden ser una herramienta magnífica para crear nuestras experiencias espirituales más grandiosas cuando empezamos a evolucionar en conciencia a través de nuestra alma. Es lo que experimentaremos si seguimos recordándonos a nosotros mismos que somos amor y seres divinos.

CAPÍTULO 4
Nuestras antiguas creencias

Nuestra antigua y convencional manera de pensar no está funcionando para la raza humana. Las ideas obsoletas no han producido una sociedad espiritualmente evolucionada, en cambio, hemos provocado guerras y caos. Las viejas opiniones ineficaces están tan grabadas en nuestra conciencia colectiva que nos vemos obligados a repetir los mismos errores una y otra vez.

Pero ahora, la conciencia alta de nuestro mundo se está volviendo más brillante y la gente es más consciente de esta energía. Poco a poco estamos asumiendo más responsabilidad por nuestras acciones y enseñando a otros a hacer lo mismo. Ya estamos empezando a utilizar perspectivas más espirituales, produciendo experiencias constructivas para sanar, cambiar y unir a todos como una familia en este mundo.

Lentamente he cambiado la antigua manera de pensar que heredé de mis antepasados por una conciencia más espiritual. Ahora mi vida es más fácil y apacible. Quiero compartir algunas viejas perspectivas para que puedas cambiarlas a una nueva experiencia:

Si crees que no eres lo suficientemente bueno, puedes experimentar desafíos para recibir la abundancia de la vida a través de otros. Si crees en la bondad de la vida o del Espíritu, recibirás lo que necesitas. Creer en la abundancia de todo te permite recibir y compartir lo que ya está aquí, material o espiritualmente. Así, ya no temerás perder a nadie ni nada, simplemente aceptarás y desearás lo mejor para todos.

∞

Mientras creas que estamos separados unos de otros, reprimirás tu compasión y no podrás ayudar a los demás en momentos de necesidad. Ayúdate a ti mismo espiritual o físicamente y, luego, ayuda a los demás cuando alguien te necesite. La compasión es compartir tu bienestar mental, emocional y físico contigo mismo y con los demás.

∞

Si crees que algo es difícil de hacer, será un desafío porque eso es lo que crees. Si crees que algo puede hacerse fácilmente, se hará a través de tus experiencias pasadas o con tu alma creativa.

∞

Tus viejas creencias sobre la vida pueden contribuir a tus retos actuales. Si sigues resolviendo tus problemas con violencia, no podrás evolucionar espiritualmente, sino que solo crearás más caos en el mundo. La violencia es miedo demostrado.

∞

Estar aburrido es otra forma de ansiedad, estrés, procrastinación, depresión o desconexión de tu mundo interno y externo. Perder el deseo de vivir puede llevar al aburrimiento. Puedes dejar de cuidarte y hacer que tu salud disminuya lentamente, lo que te hará enfermar.

Una intervención o cambio espiritual puede mejorar el deseo de vivir. Hacer algo que te gusta puede aliviar el aburrimiento, de modo que puedes empezar a entusiasmarte con la vida. Nunca abandones lo que amas.

∞

¿Por qué le pasan cosas malas a la gente buena? Las cosas malas pueden sucederle a cualquiera que aún no haya aprendido a escuchar sus presentimientos (intuición) y a prevenir el peligro o pueden sucederles a las personas para encontrar buenas cosas que no entienden.

Además, si no hemos superado nuestros problemas en nuestras encarnaciones pasadas con nuestros seres queridos, entonces estos seres queridos cruzarán nuestras vidas nuevamente para reparar lo que dejamos atrás. Todos nosotros estamos cocreando todo juntos con los demás (lo bueno y lo malo). Todas las personas en nuestra vida son mensajeros/ángeles espirituales porque pueden ayudarnos a ser conscientes de quienes somos o no somos.

∞

El término «crisis de mediana edad» es otra palabra para referirse al hecho de sentirse espiritualmente vacío. En otras palabras, te estás sintiendo insatisfecho, estresado y con ansiedad. Crees que has logrado cosas materiales o educación alta, pero sigues sintiéndote infeliz. Sientes que algo falta y crees que tu vida se está yendo hacia abajo. La espiritualidad, por otro lado, puede traerte balance en tu vida interna y sobreponer tus incertidumbres cuando realices tu verdadera identidad espiritual: amor.

∞

No puedes borrar los pensamientos pasados de tu mente y tu alma por mucho que lo intentes. A nivel energético, tu pasado existe simultáneamente dentro de tus momentos presentes y futuros. Todos tus recuerdos presentes y experiencias pasadas están creando tu realidad física a través de tu mente subconsciente. Para avanzar hacia el futuro con más tranquilidad, adopta una perspectiva espiritual y más inclusiva y permanece en el momento presente. Tu momento presente y tus acciones crearán tu futuro.

CAPÍTULO 5
El poder de las ilusiones

Las ilusiones son opiniones basadas en historias o ideas supersticiosas sobre la vida que nos han transmitido nuestros antepasados. Debido a las ideas anticuadas de las religiones organizadas y de los gobiernos, a muchas personas se les ha enseñado a creer en tales conceptos ficticios como el infierno, el mal, la condena, la muerte, la venganza, la ignorancia, la insuficiencia, la competencia (otra forma de miedo), el juicio, el castigo, los celos, la separación y la superioridad.

Estas fantasías han causado una gran cantidad de sufrimiento mental (conciencia baja), miedo antinatural, violencia y separación entre las personas. Aceptar tales ilusiones como verdaderas ha dañado a la gente mental, emocional, física y espiritualmente. Como resultado, sus esfuerzos por evolucionar espiritualmente han sido frustrados.

Establecer una educación espiritual en cada escuela y hogar proporcionará acceso a la sabiduría espiritual y permitirá a nuestra sociedad evolucionar en conciencia como una sola familia.

Me gustaría compartir algunas perspectivas sobre las ilusiones para que puedas debatirlas:

La ignorancia es una ilusión. Tu alma, que es conciencia/autoconciencia y energía pura, lo sabe todo, lo ve todo y lo tiene todo. La ignorancia es el estado de ser consciente, pero espiritualmente inconsciente. La inconsciencia espiritual puede llevar a un comportamiento destructivo.

∞

El juicio negativo, la condena y el castigo son ideas perversas creadas en torno a la creencia de que un Dios mitológico o religioso apoya estos comportamientos. Esto no es la verdad. Dios, en cada mito y religión, es amor. Dios no piensa ni se comporta como un humano, sino que demuestra un amor incondicional a todos y a todo. Si crees que Dios está fuera de ti, entonces no puedes interiorizar a Dios. Dios/Espíritu vive dentro de ti a nivel energético.

∞

La insuficiencia/carencia es una ilusión, porque hay abundancia de todo para todos en este mundo. La pobreza, de igual manera, es una ilusión. Cuando tienes suficiente para comer, un lugar para dormir y ropa para vestir, has accedido a la fuente de la abundancia y puedes vivir bien.

∞

La imperfección es una ilusión que nos quita la confianza y nuestra identidad y da paso a la duda. Esto crea la excusa perfecta para repetir errores de experiencias pasadas y sentirse inferior. No te definas por lo que está mal en ti; en cambio, recuerda cada día que eres un magnífico ser espiritual. Recuerda que en este universo todos y todo es perfecto, porque todos y todo fue creado de amor por Espíritu.

∞

La preocupación es una ilusión inventada por la mente, es la anticipación de sentirse inseguro por algo o alguien. Cuando te preocupas, estás tomando conscientemente la decisión de prestar atención a un problema y no a su posible solución.

Si sigues eligiendo, consciente o inconscientemente, preocuparte por alguien o algo, esto hará crecer esa energía y la hará más fuerte. Esta energía de preocupación se materializará y producirá un comportamiento en ti, como llamar a la persona que te preocupa, estar preocupado por dónde se encuentra y su bienestar, entre otras cosas. Tu paz ha sido entonces reprimida por tus preocupaciones. Retrocede, relájate y recupera la paz mental en tu vida, deséale lo mejor a esa persona o envíale vibraciones de amor. Por ejemplo, imagina que estás abrazando a esa persona con tu alma y mandándole amor.

∞

Tus ideas de superioridad crean separación y limitan la compasión por los necesitados. La superioridad es una ilusión. Todos somos seres magníficamente divinos. La unidad no puede ser superior o inferior a sí misma, sino espiritualmente igual.

∞

La necesidad es una ilusión. Tu no necesitas a nadie ni a nada para ser feliz. Elige ser feliz, elige disfrutar del amor, elige tener cualquier cosa sin necesitar nada más. Pretender que tu seguridad emocional viene de otra persona es una ilusión. Si crees necesitar a los demás para sentirte bien contigo mismo, puede indicar una baja autoestima. Cuando te conozcas espiritualmente o creas en ti mismo, tendrás seguridad emocional y no dependerás de los demás.

∞

La idea de la soledad es una ilusión creada por la mente. Tú no puedes separarte espiritualmente de nadie ni de nada, todos somos uno a nivel espiritual y físico. Estás conectado con todos y con todo a nivel energético. La idea de la soledad no te permite ser feliz, disminuye tu sistema inmune, reduce tu energía y puede afectar tu salud. Nunca estás solo porque tu Creador/Espíritu, seres angélicos y tus guías espirituales (tu alto yo que han vivido en otras vidas y tus seres queridos que fallecieron esta vida presente), están siempre contigo ayudándote en momentos de necesidad.

∞

El estrés es una ilusión, una reacción negativa (baja vibración) de la mente que ha sido transmitida por otros. Cuando estés bajo la presión de otros en el trabajo o en tu vida personal, no te tomes las cosas como algo personal. Relájate y permanece en el momento presente. Utiliza tu mente creativa para encontrar soluciones a los desafíos sin alterarte. Practica el optimismo.

∞

El poder o el control sobre los demás es una ilusión porque crea dependencia. Cuando renuncias al poder sobre los demás, estás renunciando a la ilusión del control. Solo entonces podrás experimentar la verdadera libertad interior. En el entorno laboral, el poder o el control sobre los demás no les permite ser creativos, sino solo seguir las reglas. La creatividad es otra forma de intuición.

∞

La convención social pide que se castigue a los malhechores para vengarse, en lugar de pedir el perdón para crear una curación espiritual. Pero nuestro mundo se vuelve poco compasivo al castigar. Tenemos que cambiar nuestra forma de pensar, cambiar nuestro comportamiento e informar a nuestros ciudadanos, a través de la educación espiritual, de que solo el perdón puede ayudarnos a dejar de castigarnos a nosotros mismos y a los demás para crecer en el Espíritu.

∞

La batalla entre el bien y el mal es una ilusión para justificar el conflicto con otros países y culturas. La ilusión de un enemigo ha creado separación, dolor y guerras entre las naciones.

∞

Los logros económicos y el éxito en el estilo de vida son ilusiones creadas por una sociedad materialista. Estas ilusiones representan la idea de que los habitantes del mundo exigen conseguir lo material: «Quiero ser rico», «quiero una casa más grande» y así sucesivamente. Desear cosas materiales es usualmente un signo de querer cubrir un vacío espiritual. Al tener lo suficiente y estar contento con uno mismo, puedes tener menos inquietud o estrés que con las cosas materiales que se puedan adueñar de ti.

∞

Las supersticiones son ilusiones culturales producto de miedos antinaturales que has cocreado con otros. La buena y la mala suerte no existen, sino que hay creadores y cocreadores trabajando en conjunto. Tu realidad es algo que estás inventando en tu mente a través de tu perspectiva mental. No existe una sola realidad, solo la forma en que percibes tu propia realidad y la forma en que los demás perciben la suya. La realidad es tu fe, tu confianza y tu creencia en la acción es algo que sientes.

∞

Rechaza tu culpa y tu creencia en el karma, porque son conciencias de baja vibración, son acusaciones e ilusiones que no te permiten evolucionar. En esta vida física todos hacemos cosas malas algunas veces para descubrir quienes no somos, para no volver a hacerlo. Todos somos seres divinos buscando experimentar y elevar nuestra conciencia alta.

∞

Las expectativas de los demás son ilusiones que pueden producir limitaciones y estas reducen las experiencias espirituales internas y la libertad. Cuando se tienen expectativas, la mente imagina que necesita a alguien o algo fuera de sí misma para mejorar una situación determinada. Por ende, reducen la libertad espiritual para ser nosotros mismos. La libertad es vivir la vida sin expectativas. Sin embargo, puedes tener tus propias expectativas a través de afirmaciones al repetir en voz alta lo siguiente: «Hoy va a ser un buen día», «un día saludable», «un día próspero», «un día de sabiduría». Entonces se va a volver realidad cuando lo empieces a creer. Mientras más repitas estas afirmaciones, se volverán tu verdades y más rápido se van a materializar.

Las expectativas de los demás pueden hacerte infeliz y frustrado. A la vez que pueden, eventualmente, dañar tu estado mental, emocional y espiritual. Las expectativas provienen de experiencias pasadas fundadas en miedos como consecuencia de una mentalidad limitada. Los demás no te hacen infeliz, tus expectativas sí. Aceptar a los demás por lo que son puede ayudarte a reducir tus expectativas sobre ellos. Esto te ayudará a ser más tolerante y compasivo contigo mismo y con los demás. Cuando reduces tus expectativas, ya no reaccionas negativamente ante el comportamiento de los demás. Tu ego ya no está pendiente de lo que los demás dicen, hacen o poseen.

Reducir tus expectativas en tu vida amorosa te ayuda a cocrear largas relaciones. La aceptación no es rendirse o ceder el control, sino aceptar a tu pareja por lo que es en ese momento. Esto traerá más tranquilidad a tu vida.

∞

La muerte es una ilusión. Nadie muere nunca. Espiritualmente, nuestra alma vivirá para siempre.

Cuando dejamos este mundo físico, vamos a despertar de un sueño físico o de una pesadilla al mundo espiritual o en otra dimensión (el Cielo). Y cuando despertamos o nos reencarnamos en este mundo físico, nos despertaremos de un sueño alegre y espiritual.

CAPÍTULO 6
El concepto del tiempo

En la acelerada sociedad actual, el tiempo es una perspectiva lineal que nos han transmitido nuestros antepasados: «No tengo tiempo», «Necesito más tiempo», «El tiempo se acaba», «El tiempo es dinero». Las falsas creencias sobre el tiempo nos hacen ir de un lado a otro con prisa, cumplir con los plazos o ser incapaces de pensar con claridad. La creencia de que no hay suficiente tiempo crea un estrés constante y esto, a su vez, afecta a nuestra salud mental, emocional y física.

A continuación, me gustaría compartir algunas perspectivas sobre el tiempo para que puedas disfrutar de la vida sin apresurarte:

El tiempo es una percepción y una ilusión, es una construcción mental formada por la percepción limitada de tu mente. El tiempo es aquí y ahora en cada momento. Utilízalo para reinventar un nuevo tú sin apresurarte.

∞

Cuando experimentas una meditación profunda, parece que el tiempo pasa rápidamente y el cuerpo rejuvenece. Del mismo modo, cuando alguien o algo te han mantenido tan concentrado, que no has medido el paso del tiempo, el tiempo parece detenerse. El tiempo es el eterno moviéndose en manera circular en cada momento presente.

∞

Tu momento pasado, presente y futuro están ocurriendo simultáneamente a nivel energético. El aquí y el ahora pueden ayudarte a crear una nueva realidad cuando reconoces que el tiempo no existe. Por ejemplo, cuando has experimentado un recuerdo de tu infancia en tu momento presente, estás reviviendo ese aspecto de ti mismo de nuevo a nivel de pensamiento o energía. Si sigues constantemente eligiendo revivir tus recuerdos, ya sean buenos o malos, entonces te será difícil evolucionar con la conciencia alta.

∞

Cuando tomas el tiempo y fluyes con la vida, los caminos se abren. Si te apresuras, vas en contra del flujo de la vida, y todo se interpone en tu camino. Tómate tu tiempo cuando estés evolucionando. ¿Cuál es la prisa? La comprensión de la vida eterna te permite vivir sin prisas y sin estresarte.

Tómate tu tiempo para disfrutar de la vida mientras evolucionas. En el momento presente, el tiempo se vuelve eterno.

∞

Tu cuerpo físico envejece más rápido debido a tu percepción del tiempo y de tus rutinas diarias. La mayoría de la gente trabaja y se jubila a los sesenta y cinco o setenta años. Después, si no te cuidas, tu salud puede empezar a decaer por la falta de energía, el aburrimiento, depresión, ansiedad y estrés. Sin embargo, se puede vivir más tiempo cuando se está alegre, en paz, con amor, con salud al involucrarse con los amigos y la familia. Puedes mejorar tu vida y mantener tu mente aguda al hacer ejercicio, caminar, correr, aprender a bailar, aprender un nuevo idioma y seguir trabajando en lo que te gusta.

Cuanto más te preocupes por tu edad, más envejecerás, lo que posiblemente te hará sentir miedo a envejecer o a morir. Cuando dejas de pensar en tu edad, puedes sentirte más joven, saludable, optimista y tener confianza en ti mismo. Tu edad es solo un número que no significa mucho. Lo que importa es cómo te sientes. Si sigues mental y físicamente activo y feliz, te vas a sentir más rejuvenecido.

∞

Conserva la calma en tiempos de caos y encontrarás soluciones a los desafíos.

CAPÍTULO 7
Mentiras tóxicas, duda y confianza

Desde el principio, la mentira ha formado parte de nuestra cultura no evolucionada como mecanismo de supervivencia. La mentira se abre paso en nuestras más altas intuiciones. La mentira está en nuestro ADN. Sin embargo, seguimos teniendo la opción de mentir o no.

De niño, a veces mentía a mi madre cuando me preguntaba si había hecho los deberes antes de ir a jugar al fútbol con los amigos del barrio. Por alguna razón, mi madre siempre sabía cuándo estaba mintiendo, probablemente porque mentir estimula reacciones físicas en el cuerpo. Yo miraba hacia otro lado o mi cara se ponía colorada. Más tarde, pagué el precio de las mentiras aprobando la secundaria con un promedio de C. Esto no me molestó en ese momento, no tenía particular interés en la escuela secundaria. Pero mirando atrás, aunque la mentira puede haberme dado lo que quería a corto plazo, no me fue útil a largo plazo.

Quiero compartir algunas percepciones sobre la mentira que te pueden ayudar a mentir menos:

Mentir puede ser un hábito consciente o subconsciente. Una mentira consciente es cuando sabemos que lo que decimos a alguien es incorrecto, mientras que una mentira subconsciente es cuando decimos algo automáticamente sin pensarlo (hábito).

∞

Podemos falsear la verdad para manipular a los que nos rodean y conseguir lo que queremos. Quizás creemos que necesitamos cosas materiales o a alguien o algo, porque mentir puede ayudarnos a conseguir a esa persona o cosa más fácilmente que decir la verdad. A veces inventamos pequeñas mentiras para conseguir dinero o poder. Algunas personas van más allá e idean planes para engañar y muestran emociones e información falsas para conseguir lo que quieren. Pero a la larga, la mentira siempre resulta contraproducente.

∞

Nos mentimos a nosotros mismos y a los demás porque no tenemos el valor de admitir la verdad. Al volvernos más espirituales, podemos aprender a expresar nuestra verdad, porque la verdad es nuestra conciencia alta.

∞

Mentimos para no ser juzgados negativamente, condenados, castigados o ser dañados por los demás.

∞

Mentimos a los demás porque tenemos el ego invertido y no nos gusta estar equivocados. Mentimos para conseguir atención emocional y física de otros. Cuando mentimos, podemos optar por ser más agresivos para hacer creer a los demás que están equivocados. Mentir es un mecanismo de defensa para protegernos a nosotros mismos y a otros.

∞

Mentimos a nuestros seres queridos para que dejen de decirnos lo que tenemos que hacer. Si los demás siguen diciéndonos cómo debemos hacer las cosas, no tenemos la libertad para hacer lo que creemos que es correcto para nosotros. También mentimos para evitar el rechazo de los demás.

∞

Mentir a un desconocido es más fácil que mentir a quienes conocemos. Las mentiras blancas son, no obstante, mentiras y crearán consecuencias. Todas las mentiras son formas de baja conciencia. Tarde o temprano ocurrirán resultados negativos.

∞

La mentira compulsiva es una adicción para evitar la autocrítica, que provoca vergüenza y culpa. Un mentiroso compulsivo sigue eligiendo mentir a los demás porque cree que todo el mundo miente, lo que le da una excusa para continuar mintiendo.

∞

Cuando empecemos a evolucionar en conciencia, mentiremos menos porque la verdad trae paz y libertad dentro de nosotros mismos.

Duda

La incertidumbre, la ansiedad, la depresión y la inseguridad producen el deseo de perder la vida, dudas y escepticismo, que pueden impedirnos evolucionar. Perder el deseo de evolucionar creará procrastinación y más dudas.

Cuando tenemos un fuerte deseo de evolucionar espiritualmente, nuestra energía aumenta y traerá naturalmente alta conciencia. Nos sentiremos motivados y entusiasmados. El aumento de nuestras perspectivas y experiencias espirituales nos permite trascender la duda y vivir con fe. La vida, a su vez, se desarrolla mejor para nosotros.

Me gustaría compartir algunas perspectivas sobre la duda que pueden ayudarnos a tener más confianza en nosotros mismos:

La duda es otra forma de miedo procedente de experiencias pasadas infructuosas almacenadas en nuestra mente subconsciente. La duda puede impedirnos tomar decisiones personales y pasar a la acción. Si dependemos mental y emocionalmente de los demás, nos volveremos disfuncionales. Al trabajar en nuestra identidad y confianza en nosotros mismos, podremos superar nuestras dudas.

∞

La duda se manifiesta a través de nuestras viejas perspectivas y experiencias negativas pasadas. Si seguimos dudando, proyectamos esta energía incierta hacia el exterior y atraemos experiencias similares, que nos hacen dudar aún más. Necesitamos conocer la bondad y valorarnos.

∞

Entrar en contacto con nuestra conciencia alta, a través de la meditación diaria, nos ayudará a trascender la duda. Cuando dejemos de escuchar a nuestro miedo (conciencia baja), superaremos la mayoría de nuestras dudas.

∞

La práctica espiritual nos permite confiar en nuestra verdad interior, nuestra alta conciencia.

Confianza

La confianza es, sobre todo, un presentimiento, saber que algo es cierto sobre alguien o algo. Esta sensación visceral de nuestra alma es la que nos hace conscientes de una verdad invisible respecto a una persona o situación. Confiar en los demás puede ser un reto si no los conocemos bien, pero poseemos una poderosa herramienta que nos ayuda a percibir la verdad en esas situaciones: nuestra intuición. La intuición es nuestro sexto sentido, es saber o sentir lo que es verdad, es decir, lo que es o no es. La intuición se manifiesta en el cuerpo físico como una sensación que a menudo se experimenta en toda la parte superior de nuestro cuerpo y, principalmente, en la zona del estómago, razón por la que a menudo se habla de la intuición como una sensación en las entrañas.

Es posible que rara vez utilicemos nuestra intuición, porque nos han enseñado a desconfiar de nuestro sexto sentido. Confiar en nosotros mismos puede ser un reto, puede ser más fácil confiar en que otros nos digan lo que tenemos que hacer. Practicar nuestra intuición mediante la meditación diaria puede ayudarnos a ser más sabios y a confiar más en nosotros mismos.

Quiero compartir las siguientes perspectivas espirituales para que podemos mejorar nuestra autoconfianza:

Confiar en nuestros sentimientos y tomar decisiones en cada momento presente puede llevarnos a una vida más apacible y satisfactoria. Nuestros sentimientos nos sirven como guía para un mejor futuro, porque nos hace recordar que estamos escogiendo dediciones positivas.

∞

La confianza no es mental, ya que es nuestra intuición la que toma el control durante los desafíos de nuestra vida. Cuando nuestra alma se comunica con nosotros a través de la sensación en las entrañas, debemos honrar nuestro presentimiento y actuar para encontrar la verdad (alta conciencia).

∞

Confiar ciegamente en los demás por encima de nosotros mismos es señal de que aún no hemos mejorado nuestra identidad y autoconfianza. Confiar primero en los demás es un signo de autoengaño.

∞

No necesitar nada de nadie nos permite confiar en nosotros mismos y ayudar a los demás sin expectativas.

∞

Entrenarnos para confiar en nuestra alma, a través de la meditación diaria, nos animará a ser conscientes de su sabiduría. Acallar la mente nos conectará con nuestra intuición y creatividad.

∞

Cuando recordemos reconocer y confiar en la sabiduría en nuestro interior, el miedo disminuirá. Confiar en nosotros mismos es encontrar la guía interior que nos llevará a la iluminación.

CAPÍTULO 8
Nuestras emociones espirituales

Las emociones son energía en movimiento desencadenada por tus pensamientos, deseos, traumas, alegrías, recuerdos, y demás para que te expreses y sobrevivas en esta forma física. Sin embargo, en esta realidad física solo hay dos emociones: el amor y el miedo. El resto de las emociones como la tristeza, la envidia y la ira son variaciones de las emociones de amor y miedo. Todas las experiencias emocionales se almacenan en la mente subconsciente a través de nuestro cuerpo, que crea nuestro comportamiento. Todas las emociones reprimidas pueden crear estrés, rabia y comportamiento destructivo. Si estamos emocionalmente apegados a nuestras experiencias negativas del pasado (adictos a la baja conciencia), no podemos avanzar espiritualmente. Ya sea que estemos experimentando amor o miedo, nuestras emociones son la fuerza motriz de nuestras actividades diarias.

Cuando estamos en contacto con la conciencia de nuestra alma, vamos a expresar una emoción: el amor (conciencia alta) para todos.

Cuando empezamos a evolucionar espiritualmente, naturalmente elegimos el amor sobre el miedo, porque el amor es la energía más elevada del universo. Amar incondicionalmente produce un impulso energético hacia arriba y crea resultados positivos. Sin embargo, el miedo hace que la energía se mueva hacia abajo, lo que produce experiencias negativas.

Cuando nos esforzamos por adquirir diferentes habilidades en la vida, es importante recordar que el autodesarrollo no es solo intelectual, sino también emocional. Tanto si queremos ser competentes en la sanación, el trabajo social, la danza, el arte o cualquier otra actividad o profesión, es importante comprender nuestras emociones naturales. El miedo, la inseguridad o el enfado bloquean nuestra intuición, nuestro valor y nuestro deseo de trabajar con personas.

Expresar, en lugar de reprimir nuestras emociones naturales como el amor, la envidia, el miedo, la ira y la tristeza, puede mejorar nuestra autoconfianza e intuición, lo que a su vez puede prepararnos para evolucionar en conciencia aún más.

Las emociones se proyectan hacia afuera en todas direcciones a través del mundo y el universo. Cuando nuestra alma parte de la Tierra y regresa al Cielo (otra dimensión aquí y ahora), llevamos nuestra emoción natural, que es el amor incondicional, a través de nuestra alma, para poder expresarnos y comunicarnos con otras almas y seres queridos.

Amor

El amor es todo lo que existe en este universo. Es nuestra verdadera identidad. Amar incondicionalmente y aceptar a los demás son expresiones de la conciencia más elevada del Espíritu y de tu alma. El amor es una realidad espiritual, una verdad en la forma más pura de la vida. Cuanto más expreses y experimentes el amor por ti mismo y por los demás, más elevarás tu energía hacia la conciencia alta. Si reprimes tu amor, puedes volverte controlador y posesivo (otra forma de miedo).

El miedo antinatural puede cerrar el corazón y la mente, el amor abre ambos.

El amor, la compasión y la bondad primero hacia nosotros mismos nos permiten cuidarnos y cuidar de los demás. Amarte a ti mismo aumenta tu deseo de vivir bien y estar sano, mientras que no amarte a ti mismo puede disminuir tu deseo de vivir. No puedes encontrar el amor en tu mente. Tú estás hecho de amor al nivel energético.

Envidia

La envidia es una emoción natural que puede motivarte a ser más de lo que eres y a tener más de lo que tienes. Expresar tu envidia por lo que otros tienen de forma positiva te anima a buscar el crecimiento y la superación personal. La envidia transmitida como admiración, en un lenguaje como: «Me gustaría tener tu estilo de vida», «Me gustaría ser como tú cuando sea mayor» o «Enséñame cómo lo has conseguido», puede ser positiva y favorecer tu crecimiento espiritual. Si reprimes tu envidia, puedes llegar asentir celos de los demás o darles la espalda.

La ira

La ira es una emoción natural que, si se expresa de forma efectiva, puede ser constructiva. La ira (el miedo demostrado) te permite notar cuando no están respetando tus límites y te ayuda a expresar tus expectativas, decepciones o defender tus ideas sobre la vida. Si reprimes tu ira a lo largo de los años, puede convertirse en rabia (emoción destructiva). Esto puede acarrear consecuencias negativas, sobre todo si los demás reaccionan con rabia hacia ti. La ira puede hacer que seas rígido en tu pensamiento y que no estés dispuesto a admitir tus errores. Volverse verbalmente asertivo y comprender tu espiritualidad puede disipar cualquier situación negativa. No juzgues a nadie negativamente porque le baja su energía o te pones de mal humor. Si eres consciente de no juzgarte a ti mismo ni a los demás, puedes eliminar la gran parte de las razones de la ira.

Tristeza

Al aceptar y expresar abiertamente la tristeza, puedes reconciliarte con los sentimientos después de las rupturas, separaciones y despedidas, e incluso después de la muerte de un ser querido. Reprimir la tristeza a lo largo de los años puede provocar una depresión crónica (emoción destructiva) que puede afectar a la salud, como los pulmones. La tristeza también puede llevar a procrastinar, haciéndote perder el deseo de socializar o superarte.

Por ejemplo, el sufrimiento es una idea distorsionada o reacción negativa que has creado sobre un ser querido que ha fallecido o que has perdido. Has creado en tu mente el peor escenario posible que te ha llevado al sufrimiento mental. Comprende que las almas de tus seres queridos están bien en el Cielo (otra dimensión) y parte de sus almas se quedan contigo. Todos nos vamos al Cielo después de esta vida física. Celebra y abraza su nuevo viaje espiritual.

Miedo

El miedo es tu amigo y una emoción natural. Te cuida, te hace consciente y te permite retroceder y retirarte de situaciones potencialmente perjudiciales. Puedes sentir el miedo instintivo en tus entrañas, es tu radar interno que percibe el peligro y te envía advertencias.

Cuanto más reprimas tu miedo natural, más acumularás energía de temor a tu alrededor y más susceptible serás de desarrollar una sensación crónica de desesperación. Entonces, cuando te sientes mental o emocionalmente estresado o bajo presión, o cuando alguien o algo desencadene tu miedo, puedes perder el control y actuar desesperadamente o experimentar ataques de pánico.

Miedos no naturales

Los miedos antinaturales, como el miedo a perder cosas materiales, a la culpa, al abandono, a la muerte, entre otros, son ilusiones que nos han sido transmitidas a través de las viejas perspectivas o convicciones religiosas de nuestros padres y antepasados. La ansiedad (miedo reprimido) es otra forma de miedo no natural. Es una anticipación negativa de cualquier resultado futuro. Centrarse en el momento presente o expresar verbalmente estos miedos puede ayudar a disminuir la ansiedad.

Los traumas (heridas mentales y emocionales del pasado) pueden hacer que te desconectes de tu yo interior y que tengas dificultades de trascender en situaciones retadoras. Para superar los traumas puede ser necesario recurrir a un *coach* de vida espiritual profesional o a un terapeuta.

El estrés, energía destructiva y una forma de miedo no natural, puede ser peligroso para tu salud mental, física, emocional y espiritual. Si alguien te presiona o te apura, relájate. No sobre analices. En cambio, céntrate en el momento presente y encuentra una forma creativa de resolver tus retos.

Tomar decisiones personales precipitadas en nuestra acelerada sociedad, a menudo hace que nuestra vida sea más difícil. Esto se debe a que, en el día a día, no siempre utilizamos la herramienta más importante que hemos traído a esta vida: nuestra alma.

Me gustaría compartir algunas perspectivas sobre cómo las diferentes decisiones pueden afectar a tu bienestar:

Las emociones

Es importante ser consciente de tu estado emocional cuando tomas una decisión. Tomar decisiones cuando estás enfadado, por ejemplo, puede hacer que seas vengativo con los demás. Del mismo modo, tomar decisiones cuando estás triste o deprimido puede hacer que lo dejes para más adelante. Tomar decisiones cuando tienes miedo, puede hacer que tomes decisiones precipitadas o que actúes de forma impulsiva. Toma tus decisiones cuando estés sereno.

Inconsciente

Tomar decisiones inconscientes en tu vida personal basándote únicamente en tus experiencias pasadas o en tus rutinas, puede no dar los mejores resultados. En su lugar, tomar decisiones conscientes, a través de tus sentimientos en el momento presente, puede ser más efectivo.

Mente

Toma decisiones a través de tu mente, basándote en las experiencias positivas y negativas de tu pasado. Cuando experimentas retos en el momento presente, haces que tu mente tome decisiones, lo que a menudo puede hacer que sigas reviviendo experiencias pasadas similares. Vivir el momento y tomar decisiones, a través de tu instinto, será más beneficioso. Puedes tomar decisiones con tu cerebro izquierdo (analítico, condicional, insensible, convencional o inflexible) o con tu cerebro derecho (creativo, sensible, espiritual, de espíritu libre, no convencional y flexible). Tomar decisiones con tu falso ego, queriendo tener razón mientras haces que los demás se equivoquen, puede crear consecuencias negativas. Del mismo modo, si tomas decisiones cuando estás estresado, puedes crear situaciones perjudiciales. Toma las decisiones cuando te sientas tranquilo y con mentalidad espiritual.

Conciencia de grupo

Basándose en las viejas maneras de pensar de la sociedad, nuestra conciencia global ha creado un mundo violento. Tú, como otros, puedes estar influenciado por amigos, relaciones íntimas, gobiernos, religiones o viejas ideas. ¿Están funcionando para ti? Si no es así, tomar decisiones a través de tus propias perspectivas espirituales puede ser muy poderoso. Piensa globalmente y conéctate con otros espiritualmente, porque la paz global empieza por estar en paz contigo mismo.

Alma

Tomar decisiones a través de tu alma puede conducir a una mayor conciencia y crecimiento espiritual. Los verdaderos sentimientos son el lenguaje del alma. Cuando dejes de ocuparte de tu mente y te enfoques en el alma, comprenderás que el alma se comunica constantemente contigo a través de los sentimientos o intuición.

Estos sentimientos pueden manifestarse como intuición o verdad espiritual y pueden percibirse como sensaciones físicas alrededor del corazón o del plexo solar. Si quieres saber qué es verdad para ti sobre alguien o algo, nota la sensación de sentirte bien o mal, o cómodo o incómodo en una de estas zonas. Esta es la forma en que tu alma se comunica contigo. Del mismo modo, tu espíritu y alma no te dice «te amo» con palabras, sino que te da una experiencia o sentimiento amoroso directamente a través de todo tu cuerpo.

Los verdaderos sentimientos son producidos por la conciencia de tu alma. Se manifiesta a través de tu cerebro, mente y cuerpo físico. Tu conciencia te hace consciente de quién eres realmente: amor.

CAPÍTULO 9

Expresando nuestro amor interno

Hemos estado hablando y cantando por miles de años sobre el amor sin comprender realmente su significado espiritual: de dónde viene el amor o cómo se siente realmente en su forma más pura y espiritual. A menudo no sabemos cómo entrar en contacto con este amor o cómo expresarlo porque hemos estado buscando el amor fuera de nosotros mismos en lugar de hacerlo desde el interior.

Todos y todo ha sido creado de amor en este universo por el Espíritu/Nuestro Creador. El amor es dar, recibir y aceptarnos a nosotros mismos y a los demás incondicionalmente. Esta energía multidimensional pasada, presente y futura llamada amor es nuestra verdadera identidad, porque fuimos creados de amor del Espíritu y es el sentimiento más fantástico que podemos aprovechar para unir a las personas y naciones.

Cuando *elegimos* conocernos a nosotros mismos espiritualmente, automáticamente experimentaremos el amor a través de los demás. Podemos celebrar y demostrar, a través del afecto físico y la intimidad sexual, la compasión, la bondad, la aceptación, el perdón, la sabiduría y la unidad. El amor es nuestra alma expresando el aspecto más profundo y elevado de la vida.

Conocerme espiritualmente fue el punto de inflexión en mi vida: conocerme y amarme primero a mí mismo antes de amar a los demás. Cuando empiezas a conocerte espiritualmente como amor, divino, perfección, digno y Espíritu, entonces te permitirás experimentar este increíble estado de ser a través de tu relación de amor y de todos.

El amor es una realidad espiritual y una verdad que se encuentra en tu alma para poder compartir con otros toda la alegría, paz, compasión, sabiduría y la libertad.

Quiero compartir algunas breves perspectivas sobre el amor para que puedas expresarlo más:

Todas las relaciones amorosas son cocreadas porque no hay coincidencia, destino, suerte, accidente o plan de Dios.

∞

El amor es la fuente de la vida y la alegría, así como la fuente de la juventud.

∞

El amor es intuitivo, una experiencia interna de tu cuerpo, alma y Espíritu. Cuando expresas el amor dentro de ti, te sientes lleno de energía, vivo y apasionado por la vida. El amor crea armonía en tu mente, cuerpo, emociones y alma. Mejora tu confianza en ti mismo.

∞

El amor está en tu alma y no le preguntes a tu mente cómo amar: tu alma solo te da la experiencia de amar incondicionalmente a uno mismo y a los demás. El amor abarca a todo y a todos.

∞

Estar enamorado de ti mismo es el alma diciéndole a tu mente consciente: «Gracias por expresar mi luz». Cuando estás enamorado, sacas la energía más elevada del alma y del Espíritu.

∞

Cuando estás enamorado, tienes tiempo para ver a los demás y celebrar la vida con ellos. El amor te permite ver el amor en los demás. El amor no significa que permitas que los demás te pisoteen o abusen de ti. Eso no es el amor. El amor no causa sufrimiento mental, solo lo hacen tus viejas perspectivas. El amor es un sentimiento de máxima libertad.

∞

Al amarte incondicionalmente, te conviertes en una fuente de amor para los demás. Desencadenarás el amor de los demás desde tu interior.

Amarte a ti mismo crea experiencias agradables y le recuerda a los demás que también pueden amarse a sí mismos. El amor permite que el universo evolucione a tu alrededor; estás creando y atrayendo lo que necesitas para seguir avanzando y experimentar la abundancia del universo a través del amor.

∞

El amor es el lenguaje universal del alma, que puede demostrarse a través de acciones más que de palabras. Las palabras no pueden reemplazar tus verdaderos sentimientos de amor, porque las palabras son sonidos que representan tus pensamientos sobre el amor, que suelen ser inexactos. El amor que se revela a través de la acción es más poderoso que las promesas.

∞

El amor es el alma que celebra su verdadero ser interior a través de otros. Ver la belleza interior en los demás es otra expresión del amor.

∞

Cuando alguien prende tu amor en una relación íntima, te enamoras de esa persona. Tu alma está enviando la señal de amor a tu mente y cuerpo. Mientras tanto, se produce una disputa entre tu alma y tu mente. Empiezas a soñar despierto, tienes mariposas en el estómago o te vuelves olvidadizo de las cosas. Puede que incluso actúes de forma tonta o divertida. Ahora, tu corazón se abre y te conviertes en una persona más cariñosa.

∞

Cuando experimentas el amor de tu pareja, no hay necesidad de preguntar cuánto te ama, sus acciones están demostrando cuánto lo hace. El amor siempre desencadena felicidad, bondad, pasión, cariño, tolerancia y compasión.

∞

El amor es compartir, cuidar y permitir que tus amigos puedan imponer en ti en momentos de necesidad.

∞

El amor se vuelve condicional cuando invitas al miedo o la incertidumbre a tus relaciones, como el miedo a perder a tu pareja, a los celos, a la inseguridad o a necesitar a otro. Cuando permites que tu mente niegue el amor, niegas la vida. Lo que niegas, te controla. Tu mente se convierte en el enemigo del amor. Cuando evitas que tu mente niegue el amor, el amor fluye naturalmente en tu vida. El amor por uno mismo puede ayudarte a dejar de lado el miedo antinatural, porque el amor reside en una vibración más elevada.

∞

El amor no te mete en problemas. Tus expectativas, opiniones y juicios negativos sobre el amor cocrean problemas para ti y para los demás.

∞

El encaprichamiento es la mente obsesionada o necesitada de alguien o algo. No puedes encontrar el amor en tu mente. No puedes amarte a ti mismo o a los demás de forma genuina hasta que te liberes de tu antigua mentalidad y obsesión. Una vez que estés libre de estas restricciones, podrás experimentar el amor dentro de ti.

∞

Puede que tengas miedo de amar porque tienes miedo de perder a alguien. No puedes perder el amor, porque el amor es algo que tú eres. Comparte siempre lo que ya tienes dentro de ti: el amor. Si no te gusta que los demás te amen, es porque todavía no has aprendido a amarte a ti mismo. Conocerse espiritualmente es el primer paso para amarse a sí mismo antes de amar a los demás.

∞

Si te amas físicamente, amarás a los demás de la misma manera, superficialmente. Sin embargo, al amarte internamente, atraes a otros con una perspectiva similar. No puedes alejarte del amor, porque amor es todo lo que hay en este universo.

∞

La forma en que te amas a ti mismo es la forma en que experimentarás el amor de los demás, porque vas a recibir lo que proyectas.

∞

No puedes amarte a ti mismo si crees que eres indigno, imperfecto, culpable o que has nacido en pecado. Cuando te amas a ti mismo incondicionalmente, entonces dejarás de lado los juicios que has puesto sobre ti a través de tus ancestros o religiones.

∞

El amor es tu alma escapando de tu realidad física a través de un orgasmo sexual. Hacer el amor es otra forma de estimular y experimentar el Nirvana y la más alta expresión del amor. Elevar tu conciencia es expresar el amor. La sanación sexual es el puente hacia el Nirvana. Es uno de los aspectos más maravillosos de la vida.

∞

Amarte a ti mismo y a los demás incondicionalmente te permite romper todas las barreras que te impiden evolucionar.

∞

Cuando conoces a alguien por primera vez y sientes una conexión inmediata, significa que tu alma reconoce el alma de esta persona de una posible encarnación anterior. Si la conexión es fuerte, puedes volver a enamorarte de esa persona nuevamente.

∞

El amor puede cambiar todo y a todos en nuestro mundo, si así lo elegimos.

CAPÍTULO 10
Relaciones amorosas

Muchos de nosotros hemos tenido o seguimos teniendo relaciones amorosas disfuncionales, porque no nos hemos conocido espiritualmente. Esto suele causar desesperación emocional en las parejas. Las relaciones disfuncionales son causadas por las expectativas entre ambos, los celos, la necesidad, el miedo, los traumas, la inseguridad o el desconocimiento de lo que es realmente el amor.

Cuanto más conscientes sean las personas de sus intenciones antes de entablar una relación amorosa, es decir, se sientan conectadas, tengan una buena química con la pareja, sean intelectual, sexual, física, espiritual, emocionalmente independientes y tengan confianza en el otro, habrá mayor posibilidad de que la relación tenga éxito.

El amor es una realidad espiritual muy real y es una verdad que se encuentra en tu alma para que compartas con otros la alegría, la paz, la compasión, la sabiduría y la libertad.

Me gustaría compartir las siguientes perspectivas breves sobre las relaciones para mejorar el amor con tu pareja:

Las relaciones son una bendición y un regalo de los demás para ti, te ofrecen la oportunidad de reflexionar sobre quién eres mental, emocional, física o espiritualmente. Las relaciones íntimas son para experimentar la cercanía, la compasión, la paz, la conexión y el amor por el otro. Todas las relaciones amorosas son cocreadas, porque en la vida no hay accidentes, coincidencias, destino o un ser superior a cargo de tu relación.

∞

Una relación amorosa no tiene que ver con lo que quieras obtener de ella, sino con lo que compartes con tu pareja. Toda relación es perfecta porque, a través de una relación con otra persona, puedes evolucionar y recordar quién eres: amor. Por tanto, no hay relaciones malas, sino oportunidades para evolucionar.

∞

Si no aceptas a tu pareja por lo que es, entonces intentarás cambiarla. No puedes cambiar lo que no puedes aceptar. Aceptar a tu pareja por lo que es, animándola a ser ella misma, engendra libertad e identidad propia, lo que permite a ambos evolucionar en conciencia.

∞

Una personalidad flexible, la transparencia y la adaptabilidad son las claves de una relación duradera.

∞

Las diferencias de edad en las relaciones son irrelevantes cuando las parejas adultas están enamoradas. Por desgracia, la gente sigue sacando conclusiones precipitadas cuando uno de los miembros de la pareja es mucho mayor que el otro. Así, las relaciones con grandes diferencias de edad se convierten en un tabú, sin tener en cuenta los motivos de las dos personas involucradas. El amor adulto no discrimina a nadie ni a nada. Cuando los demás vean que tú y tu pareja están enamorados, terminarán aceptando su relación.

Además, si tú y tu pareja han estado juntos en una relación íntima en sus vidas pasadas y decidieron reencarnarse en esta vida presente para estar juntos nuevamente, tu pareja y tú regresarán en diferentes familias y diferente tiempo creando largos años de diferencia entre ustedes. Entonces, no condenen a aquellas parejas con diferencia en años, por el contrario, bendígalos. Sin embargo, hay parejas con grandes diferencias de edad que están en una relación íntima por razones monetarias, materiales o por otras formas de interés, que eventualmente harán que estas relaciones terminen.

∞

A través de tus decisiones y acciones en tu relación amorosa, crearás tu propia felicidad o infelicidad. Los hombres suelen comunicarse a través de la acción más que con palabras, las mujeres suelen comunicarse más verbalmente a través de sus sentimientos.

∞

No tener una relación amorosa no significa estar solo. Estar solo puede darte la oportunidad de trabajar en ti mismo y evolucionar espiritualmente. La soledad es una ilusión: el espíritu, el alma, los seres angélicos y los guías espirituales están siempre contigo ayudándote en lo necesario. Si te sientes solo, llama a tus amigos o familiares y reúnete con ellos.

∞

Querer a una persona en particular y hacer lo que sea para tenerla a tu lado puede llevar a una relación amorosa disfuncional, porque alguien que está obsesionado puede volverse posesivo y controlador. Cambia tus ideas sobre ti mismo para cambiar tu comportamiento. Abandona la ilusión de poseer o controlar a alguien.

∞

Si estás siendo controlado por tu pareja, no puedes expresar amor. Elegir consciente o inconscientemente obedecer las reglas e ideas de tu pareja puede conducir a una relación disfuncional, porque, al hacerlo, puedes perderte a ti mismo. No ser tu genuino ser espiritual puede reprimir tu autoestima. Empodérate a ti mismo y a tu pareja: comparte tu sabiduría espiritual con ella/él. Establece dos reglas para ambos: confianza, amor incondicional y aceptar a tu pareja como es.

Cuando una relación amorosa se ha convertido en disfuncional durante mucho tiempo, no importa cuánta asesoría hayan tenido en el pasado, es hora de seguir adelante. De lo contrario, ambos serán miserables y más disfuncionales.

∞

Cuando amas a tu pareja más que a ti mismo, puede ser difícil de dejar esa relación si ella/él quiere romper la relación. Al aprender a amarte a ti mismo puedes aceptar y dejar ir a tu pareja. El amor es incondicionalmente libre y no puedes adueñarte de ella/él.

Dejar ir una relación amorosa puede ser un reto si amas a tu pareja más que a ti mismo. Esto puede ocurrir si has invertido mucho tiempo y esfuerzo en tu pareja y has creado una dependencia. Ahora esa persona quiere seguir adelante en la vida porque no ha sido capaz de encontrarse a sí misma contigo. Si realmente te amas a ti mismo y a tu pareja, la dejarás ir para que pueda crecer y evolucionar.

Mientras te aferres a ella/él durante una relación amorosa disfuncional, será difícil aceptar la separación. El apego mental, emocional y físico que has desarrollado, ha mantenido a tu pareja como rehén. Sin embargo, cuando dejas ir a quien fue tu pareja, ambos se liberan de una relación amorosa disfuncional y pueden orientarse hacia una nueva y más saludable aventura.

∞

Las relaciones basadas únicamente en el aspecto físico, sin un componente espiritual, no suelen durar. Es posible que acabes rechazando a esa pareja por otra con la que puedas evolucionar de forma natural.

Todos los desafíos en tus relaciones son cocreados (la ley de la atracción) con tu pareja a través de ilusiones de necesidad, expectativas, celos, etc. No hay corazones rotos en las relaciones, solo expectativas insatisfechas que se interponen en el camino. Las expectativas entre tu pareja y tú te hacen infeliz. Participar en relaciones intermitentes es una señal de que estás apegado al drama de la vida. El drama no solo te impide evolucionar, sino que te anima a repetir los mismos errores una y otra vez.

∞

Cuando entras en una nueva relación íntima, puedes tener dificultades, porque estás atrayendo traumas y emociones disfuncionales de tus relaciones pasadas que no has superado. Pero, si uno de ustedes es maduro o espiritualmente más evolucionado, entonces tu pareja o tú pueden ayudarse a evolucionar en conciencia. De esta manera pueden tener una mejor relación íntima y saludable.

∞

Cuando entras en una nueva relación amorosa, tú y tu pareja pueden traer varias personalidades. Los traumas de relaciones tóxicas pasadas, las inseguridades, los vestigios de traumas infantiles y las ansiedades pueden bombardear su relación. El amor y la compasión pueden vencer todos estos desafíos y traer la unidad para que ambos sanen.

La rabia, los celos y la posesividad aprisionan a tus seres queridos. Rechaza los celos y la posesividad, son ilusiones. Los celos provienen del miedo y la inseguridad y se manifiestan cuando uno de los miembros de la pareja se siente inseguro ante las acciones del otro. Pero puedes superar tus celos volviéndote incondicionalmente cariñoso y permitiéndole a tu pareja lo quiere ser. Si la situación no se resuelve, es posible que tengas que dejar esa relación.

∞

Cuando permites que tu pareja sea emocional, mental o físicamente abusiva contigo, generalmente es porque un trauma del pasado te ha hecho insensibilizarte al dolor emocional o físico. Tal vez no creas que te merezcas algo mejor. Esto puede deberse a que todavía no te amas espiritualmente. En otras palabras, estás atrayendo lo que necesitas para sanar y evolucionar en alta conciencia. La espiritualidad te ayuda a ganar amor propio, confianza en ti mismo y autoidentidad para sanar tus heridas traumáticas y romper el ciclo de las relaciones abusivas.

Muchas relaciones íntimas no funcionan porque el sistema de valor es muy primitivo y no marcha bien en nuestra sociedad. Sin embargo, expandir tu sistema de valor hacia la espiritualidad de la vida puede restaurar tu relación íntima con más armonía. Por ejemplo, sobreponer tus miedos personales como la inseguridad, celos, ser dominante o posesivo con tu pareja, puede ayudarte a expresar amor incondicional contigo mismo y con los demás.

∞

Si quieres mejorar tu relación, es importante no tener expectativas irrazonables de ella/él, porque eso creará infelicidad y resentimiento. Ser compasivo, incondicionalmente cariñoso y no juzgar te ayudará a resolver tus conflictos.

∞

El no amarse a sí mismo puede hacer que sea un reto lograr amar a otro. Además, no amarse a sí mismo puede llevar a necesitar más atención de los demás, a no pensar bien de sí mismo, a quejarse, a enfadarse y a victimizarse a través de los demás. Tener compasión por ti mismo puede ser una oportunidad para empezar a amarte y mejorar tu autoestima.

Quejarse o juzgar a tu pareja crea separaciones emocionales y físicas entre ustedes, pero expresar compasión por tu pareja puede crear más unidad.

∞

Las personas que carecen de un fuerte sentido del yo espiritual pueden ser sensibles a las críticas negativas de los demás, lo que puede disminuir su energía. Cuando se sienten amenazados o heridos, pueden enfadarse, ser violentos o verbalmente agresivos. Pueden tener una baja autoestima o no saber cómo amarse a sí mismos. Trabajar la espiritualidad es el primer paso para mejorar la autoestima.

∞

Si atraes a personas seguras de sí mismas, creativas, sanas, alegres y conscientes de sí mismas, pero sientes que tú mismo careces de estos rasgos, es posible que te estén recordando que debes sacar estas cualidades de tu interior. A través de estos individuos, puedes crear una oportunidad para ser más confiado, creativo y alegre.

Las almas gemelas del mismo o de diferente género son aquellas que piensan de manera similar y se sienten como uno o ellos están enamorados de ellos mismos y de su pareja.

∞

No es importante cuánto dura tu relación, es importante que seas genuino a ti mismo y a tu alma para que puedas evolucionar en conciencia.

∞

La mayoría de las relaciones amorosas son cocreadas por acciones pasadas e intenciones actuales. Si te metes en una relación por necesidad, por dinero o por soledad, puede que al final se disuelva.

Ser honesto contigo mismo en una relación amorosa puede ser la clave para una experiencia feliz. Sé claro con tus intenciones de por qué quieres estar con ella/él. Estar con alguien porque solo quieres tener hijos, escapar de los problemas familiares o que te cuiden, no es el camino hacia una relación seria. A la larga, este tipo de relación amorosa puede no funcionar.

CAPÍTULO 11
El milagro del sexo

Cuando hablamos de sexo y nos centramos solo en su expresión física, no entendemos su significado espiritual.

Las tensiones sexuales incluyen problemas con tu propio cuerpo físico o de tu pareja. Tus viejas ideas sobre la sexualidad pueden impedir que te des cuenta de que una relación amorosa y sexual puede ser la forma más poderosa y maravillosa de sanarte de incertidumbres y disfrutar de la vida.

Las mujeres han sido usadas sexualmente y traumatizadas por hombres en la historia y en la actualidad a través de películas, videos musicales, etc. Es por eso por lo que los jóvenes han aprendido estos comportamientos hacia las mujeres. Estas ideas sobre el sexo se ven reforzadas por antiguas perspectivas negativas sobre la sexualidad que causan confusión sexual, vergüenza, disfunción, represión, agresión y violación.

La mayoría de las mujeres han sido reprimidas de manera sexual, emocional y física por las instituciones religiosas durante mucho tiempo. Pero ahora las mujeres se están conociendo internamente, explorando sus cuerpos y reclamando su integridad física, mental y espiritual, y su libertad sexual.

Hoy en día, más mujeres no van a tolerar ser maltratadas por hombres en muchas maneras. Muchas mujeres son más conscientes, seguras e independientes desde el punto de vista sexual y amoroso. Tanto los hombres como las mujeres jóvenes están rompiendo las reglas religiosas, ancestrales, culturales y familiares relativas al sexo, porque saben intuitivamente que es una forma maravillosa, natural y satisfactoria de expresar el amor.

El sexo es amor en su manifestación física y espiritual. Es nuestra conexión más cercana a nuestra alma y al Espíritu/Creador. Demostrar el amor a través de hacer el amor produce una experiencia profundamente significativa, interna y personal. Cuando estás enamorado de ti mismo, naturalmente encenderás el amor en los demás para recordarles quiénes son.

Quiero compartir algunas perspectivas sobre el sexo que pueden ayudarte a lograr la unidad con tu pareja:

Cuando te enamoras, el sexo se convierte en un desahogo de tu pasión para celebrar la vida.

∞

El sexo es el amor espiritual que traes en esta forma física a través de tu alma, es una comunión y sanación entre los amantes.

∞

El sexo/amor trae la unidad en la mente, el cuerpo y el alma. Es la expresión más elevada de la vida. Cuando alcanzas la conciencia alta a través de tu alma, experimentas el verdadero amor y sexualidad.

∞

Cuando te amas verdaderamente a ti mismo espiritualmente, puedes experimentar la conciencia alta del amor a través de un orgasmo. Sucede automáticamente, cuando el alma se expande a través del amor y abraza y sana tu cuerpo físico a nivel celular.

∞

Cuando tú y tu pareja se atraen mental, física, emocional y espiritualmente al hacer el amor, tus centros de energía se abren, por lo que puedes experimentar la unión, la libertad, la unidad y el amor con el otro durante unos segundos a través de un orgasmo sexual.

∞

Una persona «sexy» es aquella que está consciente, física y mentalmente en contacto con su propia sexualidad, ya sea heterosexual, gay o lesbiana. Una persona «sexy» es aquella a la que le gusta expresar sus movimientos corporales sensuales y como se viste.

∞

Mantener una relación sexual es una forma de autogratificarse de amor propio. La masturbación también es una forma de amor propio, la autogratificación te permite a reducir la ansiedad, experimentar euforia, sentirte bien contigo mismo y liberar la energía sexual que has estado reteniendo. No puedes disfrutar del sexo si te sientes culpable, avergonzado o temeroso, así que disfruta del sexo con pasión, entusiasmo, libertad y sin miedo.

∞

Cuando tu amante desencadena tu amor interior durante la intimidad, hará que te ames más a ti mismo y a ella/él. Los amantes pueden amarse a sí mismos antes de compartir el verdadero amor con sus parejas. Si una persona cree que el amor viene de fuera de sí misma, puede centrarse en su pareja y no en sí misma. Este no es el camino hacia la plenitud espiritual.

La próxima vez que te enamores de alguien, mantén vivo el amor por ti mismo. No dejes que nadie lo apague por ningún motivo. Esta será tu oportunidad de experimentar el aspecto más grandioso de ti mismo. También puede ser una gran oportunidad para que tu relación sea más divertida.

∞

La experiencia de abuso mental o físico durante tu relación puede llevarte a perder el deseo sexual/amor. La práctica espiritual para mejorar tu autoestima y tu identidad puede ayudarte a resolver los conflictos con tu pareja. A medida que te sanes y aprendas a amarte espiritualmente, no permitirás que el patrón de abuso continúe de ninguna manera. La compasión y la bondad hacia uno mismo es el primer paso para superar los desafíos.

∞

Tener diferentes parejas sexuales puede ser una indicación de que tienes una adicción, tienes insatisfacción sexual o estás invertido profundamente en tu ego. Si cambias tu perspectiva sobre el sexo a través de la espiritualidad, tu adicción puede cambiar a una preferencia en lugar de una necesidad.

El sexo sin amor o el sexo sin una conexión emocional, con diferentes parejas fuera de tu relación principal, es algo que tu falso ego necesita. Es posible que desees ser infiel a tu pareja debido a la soledad, el aburrimiento o la inseguridad.

La adicción al sexo sin amor puede ser una idea distorsionada sobre la sexualidad/amor o el resultado de experiencias traumáticas pasadas que necesitan ser curadas. Por ello, has podido apegarte emocional o físicamente a esta necesidad de reconocimiento, lo que puede prolongar el ciclo de la adicción. Centrarte en una pareja con la que sientas la mayor conexión puede ayudarte a dejar de lado la necesidad de la promiscuidad.

CAPÍTULO 12
La amistad

Un amigo es alguien en quien se puede confiar, respetar, imponer, aceptar y amar incondicionalmente. Una amistad es un compromiso entre personas para compartir sabiduría, paz, amor y alegría, y para ayudarse mutuamente en momentos de necesidad. Mantener amistades profundas es una de las características más importantes de una sociedad fuerte.

Tener una amistad sólida contigo mismo mejora y refleja tus amistades con los demás. Te ayuda a establecer un compromiso contigo mismo y con los demás. Crear grandes amistades nos ayuda a crear una comunidad fuerte que nos permite establecer relaciones y asociaciones eficaces con las personas y las naciones.

Mis mejores amigos y los más cercanos desde hace mucho tiempo nos conocemos muy bien y nos hemos apoyado mutuamente en momentos de necesidad. Me han animado a seguir mi pasión como consejero espiritual de vida, instructor de baile, escribir varios libros y conocerme espiritualmente. Siempre estoy agradecido por tener este tipo de amistades en mi vida.

Quiero compartirlas siguientes perspectivas sobre la amistad para que seas la fuente de la amistad:

La amistad es algo que se cultiva durante mucho tiempo. Puedes cuidar a un amigo como a un miembro de la familia y cosechar su amor.

∞

Los amigos trabajan para alentar y apoyar el crecimiento y las aspiraciones del otro. Un amigo es alguien que te apoya incondicionalmente, aunque tengan puntos de vista opuestos. Los conocidos, en cambio, van y vienen en tu vida.

∞

Los amigos son aquellos que te apoyan libremente en momentos de necesidad. Permitir que tus amigos se impongan a ti es otra forma de decir que los quieres. Pedir ayuda o imponerte a tus amigos en momentos de necesidad puede ser la forma más rápida de descubrir quiénes son realmente tus amigos. Los mejores amigos pueden ser tu mejor recurso cuando atraviesas desafíos en la vida.

∞

Cuando evolucionas espiritualmente, atraes a amigos más sabios. Si atraes a los que son negativos mientras evolucionas, ayúdalos, pero no los excluyas.

∞

Si conoces, confías, amas y ayudas a tus amigos, se convertirán en parte de tu familia espiritual. Si empiezas a dialogar con tus amigos sobre la espiritualidad, su amistad se convertirá en un poderoso vínculo. Cada uno de ustedes crecerá más rápido y se ayudarán mutuamente y a los demás a evolucionar.

CAPÍTULO 13
Lo similar se atrae

La ley de la atracción significa que cualquier cosa que sigas proyectando o enviando, a través de tus pensamientos e intenciones energéticas a este mundo o universo, se materializará.

A través de la ley de la atracción te haces consciente de que eres tu propio creador y cocreador con otros. Como tal, atraerás a aquellos con patrones de pensamiento similares para evolucionar en conciencia y remodelar tu vida.

A continuación, se presentan algunas perspectivas que demuestran que los semejantes se atraen, así estés más consciente de lo que estas cocreando:

«Lo que se parece se atrae»: Las personas atraerán a otras con perspectivas similares a las suyas (emocionales, intelectuales, físicas o espirituales) para mejorar. El aspecto más fuerte que proyectes sobre ti mismo, lo atraerás y se manifestará.

∞

Los polos opuestos de las personalidades también se atraen. Cuando atraes a una persona que tiene diferente perspectiva, puede significar que has reprimido lo que el otro ha desarrollado. Por ejemplo, confianza con uno mismo, identidad personal o madurez. Esto es una indicación de que deseas superarte a través de ella/él. Los opuestos en personalidad se pueden complementar entre ellos como parejas, uno que es dominante en sus características de cerebro derecho y el otro dominante de cerebro izquierdo.

Si eres una persona segura de sí misma y atraes a alguien que tiene una autoestima más baja, es una oportunidad para potenciar al otro. Del mismo modo, si atraes a personas que han evolucionado espiritualmente, es una indicación de que tú también estás preparado para evolucionar.

∞

Cuando te condenas a ti mismo y a los demás, fomentas y atraes comportamientos similares. No condenes. A través de lo que pensamos, decimos y hacemos colectivamente, creamos resultados positivos o negativos.

∞

Lo que vaya a ocurrir en tu experiencia física, ya está ocurriendo a nivel energético. Si sigues eligiendo, pensando o siendo optimista, por ejemplo, esa es exactamente la energía que estás proyectando y que finalmente se materializará en tu realidad física. Esta es la ley de la atracción.

∞

Lo que más temes, lo atraerás y experimentarás, porque lo que envías y crees lo manifiestas en forma física. Por lo tanto, ten cuidado con lo que temes.

∞

Cuando estás evolucionando espiritualmente, atraes amigos y relaciones sanas y diversas que te hacen avanzar. Asimismo, cuando ya estás evolucionado espiritualmente, atraes a aquellos que quieren crecer de esa manera y puedes ayudarlos a avanzar.

CAPÍTULO 14
La familia humana

Ahora que nos estamos mejorando a través de la conciencia alta, podemos tener la familia más junta que nunca. La familia es la gran piedra angular de la unidad en el mundo. Las familias protegen, aman, educan y se apoyan mutuamente en tiempos de necesidad. Crear fuertes lazos familiares reúne a los miembros de la familia como una unidad y crea una comunidad y una sociedad fuertes.

La crianza de los niños es nuestro compromiso natural con ellos. Si los padres continúan creciendo espiritualmente, pueden ayudar a sus niños y nietos a evolucionar en conciencia, para que la próxima generación pueda experimentar menos luchas, más felicidad y paz.

Los niños son el futuro de nuestro mundo, podemos mejorar como padres escuchando la sabiduría innata de la vida que traen los niños. Si educamos espiritualmente a los niños, podrán expresar su alegría, paz, amor, compasión, creatividad y libertad interior. Ellos son nuestra esperanza para sanar y cambiar la próxima generación en una sociedad más evolucionada.

Es imperativo que los niños de hoy estén expuestos a la espiritualidad. Todos los niños naturalmente experimentan fenómenos espirituales a lo largo de su niñez y su juventud. Si la educación espiritual fuera una parte común de nuestro sistema educativo, nuestros niños tendrían continuos recordatorios de que son seres espirituales teniendo una experiencia física.

Quiero compartir las siguientes perspectivas sobre cómo criar a los niños para que sean más saludables y sabios:

A través de la vibración energética de sus personalidades, las almas de los niños y de los padres se atraen a nivel energético antes de reencarnar en esta forma física. Al igual que sus padres, los niños traen sus propias personalidades similares a ellos. También eligen el lugar, el tiempo, el género, raza, cultura y el orden de nacimiento en que se reencarnan en este mundo físico.

∞

Padres, mantengan conversaciones alegres con tus niños pequeños sobre la espiritualidad y no se sorprendan si ellos ya saben la respuesta a algo que tú no sabes. Así crearás una relación más íntima con ellos y serán más cercanos entre ustedes.

∞

Los tres primeros años de vida de un bebé son muy importantes porque aprenden mucho sobre el lenguaje corporal de los padres, lo que más tarde puede crear su comportamiento. Cuando son adolescentes, pueden empezar a expresar conductas negativas o positivas según como aprendieron los sistemas de valores de sus padres hasta que empiezan a pensar por sí mismos.

∞

Los niños quieren disfrutar de la vida y saben disfrutar del momento presente. Permitirles la libertad de disfrutar del momento presente les ayudará a disfrutar de la vida cuando sean adultos.

∞

El compromiso con los niños es la prioridad de los padres, independientemente de que las relaciones o matrimonios funcionen. Si la relación con la pareja o el cónyuge se vuelve disfuncional, seguir criando a los niños en un ambiente de amor y emocionalmente protegidos será más saludable para ellos, independientemente de que la pareja siga o no junta.

Lo mejor es mantener términos amistosos con una expareja por el bien de los niños. Los abuelos y los parientes cercanos también pueden ayudar a criar a los niños para crear una familia extensa y fuerte para ellos. Como dice el adagio: «Se requiere de un pueblo para criar a un niño».

∞

Permite que tus niños se expresen libremente en lo mental, físico, emocional y espiritual, para que puedas conocerlos mejor. Deja que lloren cuando se sientan tristes, aunque sean varones. Si les dices que dejen de llorar, los estarás obligando a reprimir sus emociones y puede que de adultos tengan dificultades para expresarse con los demás. Cuanto más los niños expresen sus emociones, más sanos serán de adultos.

∞

Criticar a tus niños y decirles que no son lo suficientemente buenos disminuye su autoestima y crea una falta de amor propio. Nunca se debe comparar a los niños con los demás. Empodera a los niños con bondad, anímalos a hacer lo que les gusta y apóyalos incondicionalmente.

∞

Cuando se castiga a los niños física o emocionalmente, se crean traumas que pueden hacerlos violentos con los demás en su vida adulta. Enséñales a ser pacíficos desde la temprana infancia.

∞

No hagas que tus niños se sientan culpables por las cosas que han hecho. La culpa les hace sentirse pequeños y disminuye su identidad y autoestima. En cambio, explícales que hay consecuencias por las decisiones y acciones que generan con los demás.

∞

Utilizar el dinero para manipular a tus niños (para recompensarles o comprar su amor) conduce a una relación potencialmente disfuncional. También es importante no ceder constantemente a sus exigencias, porque a la larga pueden intentar controlarte a ti. En cambio, ayúdales a ser autosuficientes e independientes.

∞

Mientras más consuelo mental y emocional les des a tus niños, se convertirán en adultos más sanos. Cuando un padre o madre deja a su hijo llorando solo hasta que se duerme, el niño puede desarrollar sentimientos de abandono y más tarde, de adulto, puede serle difícil soltar o terminar relaciones amorosas con otros.

∞

Cuando tus niños se conviertan en adolescentes, ayúdales a comprender la sana sexualidad. Diles que el sexo/amor es para celebrar la vida con una pareja cuando sean adultos. Esto los preparará para explorar el amor y el sexo para la autogratificación de una manera madura y segura.

∞

No enseñes a tus niños a pelear para defenderse de otros. Pelear con otros contribuye a que haya más violencia en el mundo. Enséñales a no resolver los problemas con violencia. Enséñales a no reaccionar agresivamente ante las críticas negativas de los demás. Cuando los niños dejen de reaccionar, otros no lo molestarán.

∞

Como padres, decidir lo que es mejor para nuestros niños indica que nos estamos amando a nosotros mismos a través de ellos. Como resultado, pueden llegar a ser infelices y enfermizos. Los niños tienen que pensar por sí mismos, aunque les cueste más tiempo saber qué quieren hacer con su vida.

∞

Padres, conozcan los talentos naturales de sus niños. Si les interesan las ciencias, la espiritualidad, los deportes, la medicina o la danza, ayúdenles a formarse en esos campos para que puedan seguir carreras en las que tengan éxito. Hay que darles el coraje para que sigan su pasión por la vida y serán más independientes.

∞

Padres, no peleen física o verbalmente con su pareja frente de sus niños porque ellos pueden desarrollar traumas y puede expresar el mismo comportamiento cuando sean adultos.

∞

No les compren juguetes bélicos (pistolas, espadas, tanques, cuchillos o videojuegos violentos), porque esto puede fomentar un comportamiento agresivo. Tener armas en la casa mientras se cría a los niños es peligroso. Los niños no saben la diferencia entre las armas de verdad y las de juguete. Si tienes armas en casa, deshazte de ellas por la seguridad de tu familia.

∞

No lleves a tus niños a ver películas de terror, porque esto puede hacer que inconscientemente se vuelvan temerosos de las personas y las situaciones. Tampoco animes a tus niños a asustar o intimidar a otros mientras juegan, esto provoca traumas mentales y emocionales que pueden quedar guardados en el subconsciente.

∞

No alimentes a tus niños con comida de lata que no es saludable. Mantenlos bien de salud cocinando y enseñándoles a preparar comidas nutritivas y saludables en casa.

∞

Con alegría, tus niños pueden aprender mucho más rápido, ya sea en la escuela o en casa. La alegría hace que tus niños estén más abiertos al aprendizaje. Ayuda a tus niños a encontrar la alegría en la vida personal y en el trabajo.

∞

Enséñale a tus niños habilidades sociales para que desarrollen la confianza en sí mismos con sus amigos, para que puedan tener una vida social y sana.

∞

Limita el acceso de tus niños a las redes sociales, porque puede ser peligroso si pasan demasiado tiempo en ellas. Enséñales a no hablar con extraños en internet. Los niños o adolescentes pueden estar buscando atención, aceptación y reconocimiento a través de las redes sociales, algo que no obtienen de sus padres. Si los niños pequeños no reciben suficiente amor o atención de los padres, pueden empezar a buscar lo que necesitan en el exterior.

Por otro lado, cuando eres demasiado protector con los niños, puede que les cueste crecer y se vuelvan mental y emocionalmente dependientes de ustedes y de los demás. Debemos ayudar a los niños a pensar por sí mismos ofreciéndoles oportunidades para ser autosuficientes. Dales tareas que les gusten hacer en casa. Comparte tu sabiduría y ayúdales a ser responsables de sí mismos y de los demás.

∞

Hazle recordar a tus niños que ellos son amor y, sobre todo, que solo hay una familia en la tierra: la magnífica familia humana. Este conocimiento les ayudará a crear unidad con los demás en esta sociedad.

∞

Enseñarles a tus niños a meditar durante quince o veinte minutos una o dos veces al día puede ser saludable para ellos. Permite reducir la ansiedad o el estrés de los niños en casa o en la escuela. La meditación es una herramienta importante para ayudar a los niños a ponerse en contacto con la sabiduría de su alma y aumentar su comprensión de la vida.

CAPÍTULO 15
Nuestra alma divina y eterna

¿Qué es el alma? Nos hemos hecho esta pregunta desde tiempos inmemoriales. La mayoría de nosotros todavía no tiene la respuesta o no entiende la función del alma, porque no se nos ha enseñado a través de nuestro sistema educativo.

El alma, conciencia o inteligencia es la esencia de la vida y parte del Espíritu a nivel energético, que representa el amor que no tiene principio ni fin. Siempre hemos existido junto con el Espíritu. Todos estamos aquí en este mundo físico descubriendo quiénes somos realmente a través del alma: amor.

La mayoría de nosotros hemos experimentado, consciente o inconscientemente, nuestra alma a través de fenómenos como una experiencia fuera del cuerpo (proyección astral) o *déjà-vu*. El *déjà-vu* es una experiencia, una proyección astral que has tenido en un sueño. Tu alma ha viajado durante el sueño a un lugar concreto para traerte conciencia y experiencia, algo como «sé que he estado aquí antes».

Si crees en la reencarnación, sabrás que, cuando vienes a esta vida física, traes tu alma y todas tus encarnaciones pasadas a nivel energético. Puedes estar repitiendo una vida como las anteriores, ya sea positiva o negativa. Si has evolucionado en tus vidas pasadas, seguirás evolucionando en esta vida actual y así sucesivamente.

A continuación, me gustaría compartir algunas perspectivas sobre el alma para que puedas un día experimentarlo:

Todos somos uno, nos reencarnamos en esta forma física para recrear un viaje espiritual juntos. Todos somos un alma unida, vinculada para siempre.

∞

Nuestra alma/conciencia es una expresión y autoimagen de nuestro Espíritu/Creador/Amor a nivel energético. Es nuestro estado de conciencia más elevado y nuestra identidad personal: amor.

∞

Tu alma es el estado más elevado de la existencia, que te permite producir experiencias inmediatas entre las que puedes elegir. Cuando eliges ser feliz, el alma te da la experiencia y esta experiencia eleva tu energía.

∞

Al iluminar tu mente a través de la sabiduría o la perspectiva de tu alma/conciencia como, por ejemplo, entender que todos somos una familia en esta tierra, podemos empezar a tratarnos con más compasión y de forma más amorosa.

∞

Tu alma anhela experimentar los aspectos más grandiosos de ti mismo a través de tu realidad física. Tu alma lo sabe todo, lo ve todo y lo tiene todo.

∞

Tu alma puede sentir y percibir cuando alguien o algo vienen a través de ti. Cuando experimentas una premonición, la conciencia de tu alma ya lo ha visto a nivel energético, por lo que más tarde, lo experimentarás.

∞

Tu alma/conciencia es sabiduría (conocimiento experimentado) pasada, presente y futura simultáneamente. Cuanta más sabiduría practiques y compartas con los demás, como «todos somos uno», más sabiduría recordarás y atraerás.

∞

El aura/campo electromagnético de tu alma proyecta tu vibración mental, emocional, física y espiritual. Si eres sensible o intuitivo, puedes percibir los pensamientos y emociones de las personas. Tu alma siempre está atrayendo almas evolucionadas a tu vida para que puedas evolucionar a través de ellas.

∞

Tu alma vivirá para siempre porque eres parte del Espíritu/Creador manifestado. No necesitas temer a la muerte, porque vivirás para siempre.

∞

Todas las almas son mensajeras espirituales en este universo que te ayudan a recordar quién eres espiritualmente. Si no has sido amable con los demás, alguien te demostrará su bondad, para ayudarte a recordar y desencadenar tu propia bondad desde dentro.

∞

El alma sigue reencarnando en esta forma física, mayormente a través de las mismas familias para seguir evolucionando y ayudar a otros a hacer lo mismo. Cuanto más evolucionamos, más rápido podremos elegir reencarnar en esta forma física y recordar quiénes fuimos en el pasado y así ayudar a otros a evolucionar en alta conciencia.

∞

Un «alma vieja» es alguien que se ha reencarnado muchas veces en este mundo físico y, por lo tanto, ha evolucionado espiritualmente para enseñar a otros.

∞

Tu alegría es tu niño interior a nivel de alma/conciencia expresando total libertad en cualquier momento. Expresa tu alegría a lo largo de tu vida o socializa con gente alegre que te haga sonreír. Reírse mucho balancea tu cuerpo, mente, alma y te pone más saludable y optimista.

∞

Puedes estar más en contacto con tu alma a través de la meditación diaria. El alma no puede ser alcanzada a través de tu mente racional. La mente vive en el pasado.

∞

El tercer ojo es la ventana de tu alma. Se cree que está alojado en la glándula pineal, situada en el centro del cerebro. Es tu tercer ojo el que puede ver, percibir y conocer la verdad (alta conciencia) de tu alma.

CAPÍTULO 16
El poder de la meditación

La meditación es un viaje profundo hacia lo desconocido donde tu realidad física se encuentra con tu realidad espiritual. Esta es tu mejor herramienta y tu gran oportunidad para encontrarte con tu verdadero yo: tu alma/conciencia. Tu realidad espiritual puede traer transiciones notables a tu realidad física cuando tienes el deseo de evolucionar.

La meditación es un viaje hacia tu propia alma. Es una de las herramientas más importantes para la evolución espiritual, porque es el puente para conectar con tu conciencia alta.

No hay una manera correcta o incorrecta o un momento o lugar determinado para meditar. Es cualquier cosa que funcione para ti. Puedes meditar mientras caminas, trabajas, te acuestas, te sientas, escribes un libro, pintas, bailas, haces el amor, haces ejercicio u otras actividades. La meditación es una conciencia profunda que experimentas en el momento presente a través de tu alma/conciencia.

La meditación es la comunicación directa para encontrar la sabiduría de tu alma y tu espíritu. Practicar la meditación te permite tomar conciencia del propósito de tu alma, que es evolucionar o conocerte espiritualmente y expresar el amor de tu alma y del Espíritu.

∞

Cuando estás internamente en paz contigo mismo durante tu meditación diaria, puedes experimentar la autosanación. Esta paz te permite parar el tiempo y rejuvenecer a nivel celular.

∞

La meditación diaria es la clave para vivir una experiencia de viaje astral. Para una meditación más efectiva, puedes visualizar todos tus centros energéticos delanteros y posteriores moviéndose en círculos hacia tu derecha. A continuación, comienza a realizar varias inhalaciones profundas por las fosas nasales y exhala por la boca antes de la meditación. Durante toda la meditación (con los ojos cerrados) concéntrate en tu respiración y en tu corazón sin esperar nada. Con la práctica, aprenderás a recibir mensajes de tu alma y tu Espíritu en diferentes formas.

∞

La meditación es otra forma de estar en silencio y sentir tu amor y alegría.

∞

Una meditación profunda es cuando dejas de escuchar tu respiración, los latidos del corazón o los ruidos externos, donde el tiempo parece detenerse. Las personas que tienen experiencias de viajes astrales, mientras meditan, no pueden oír su respiración o los latidos de su corazón, porque están saliendo de su realidad física y entrando en una dimensión más elevada y diferente.

∞

La meditación es una oportunidad para agradecer la abundancia de todas las cosas buenas que van a venir a ti.

∞

La meditación es el estado de estar con tu alma, te permite espiritualizar y revolucionar tus viejas ideas. Al practicar la meditación, te sentirás diferente al tomar decisiones personales. Esto será una señal de que estás cambiando y madurando, convirtiéndote en tu verdadero ser espiritual.

∞

La meditación diaria de veinte minutos reduce las preocupaciones, el estrés, la depresión, la ansiedad, la ira y disminuye la presión arterial.

CAPÍTULO 17
Estar en presencia para el empoderamiento

Estar alegre en tu vida es el estado más elevado de existencia de tu alma. La naturaleza de tu alma es estar feliz y, a través de la alegría, puedes evolucionar en conciencia más rápido. Si eliges ser feliz, generas una vida espiritual saludable y creas experiencias positivas. Recuerda que eres un ser humano y no un ser mental. Sin embargo, vivir tu vida en tu mente (pensando mucho) te va a resultar más activo físicamente todo el tiempo, que pensar que vas a ser feliz y no eres feliz, ya que esto puede crear más decepciones.

En el estado de presencia, el alma desea experimentar el aspecto más grandioso de la vida: el amor. Estar en presencia te permite experimentar el momento presente, aquí y ahora, sin preocuparte por el ayer o el mañana. Cuando eres espiritualmente fiel a ti mismo, consciente de ti y siendo tú mismo, evolucionarás más rápido a través de la alegría. Eres lo que estás siendo, no lo que estás pensando o haciendo.

Quiero compartir las siguientes perspectivas sobre estar en presencia para que puedas experimentarlo:

Ser agradecido

Estar agradecido por la abundancia de todo en este mundo es la forma más elevada de reconocimiento espiritual.

Doy gracias por el bienestar de mi familia, por la capacidad de escribir este libro, por mis amigos que comparten su abundancia espiritual y material conmigo y por mis conocidos que me recuerdan que son parte de mi familia. Doy gracias porque mi Espíritu me permite seguir sus huellas, un paso a la vez.

La gratitud es la conciencia de la Unidad con todos y todo. Dar las gracias a los demás es darte las gracias a ti mismo porque tú y los demás son uno. Doy gracias por las suficientes comodidades espirituales y materiales que tengo.

∞

La gratitud es la conciencia de que ya estás disfrutando de la abundancia en la vida. La abundancia es el sentimiento desde el alma y el Espíritu de que puedes crear lo suficiente para todo el aspecto espiritual y físicamente para todos. Ser agradecido, antes y después de haber recibido algo o alguien, es reconocer la abundancia.

∞

Agradece el más pequeño gesto de amabilidad. Cuando eres amable contigo mismo y con los demás, estás siendo verdaderamente agradecido. Ser educado y cortés es una demostración de gratitud.

∞

Cuando crees en la abundancia y se convierte en tu verdad, estás poniendo en marcha la ley del universo:

lo que envíes energéticamente sea positivo o negativo, lo recibirás en forma física.

Ser optimista

Ser optimista te ayuda a encontrar respuestas a tus preguntas y a hacer lo mejor para ti y para los demás. Tu actitud optimista hace aflorar tu creatividad para avanzar. El optimismo es la alegría de tu alma corriendo a gran velocidad, llevando respuestas a tu mente consciente. A través de la pasión, el entusiasmo y la acción que genera el optimismo, tus objetivos espirituales pueden hacerse realidad. El optimismo es tu alma sonriendo y diciendo: «¡Puedo hacerlo!» y encontrando soluciones a los retos. Cuando intentes superar los desafíos, colócate en un estado de optimismo. Libérate de la creencia del fracaso: es una ilusión. Nadie puede fracasar en la vida, pero se pueden tener más experiencias y no repetir los mismos errores.

∞

El optimismo es fe en acción. El optimismo genera acción y promueve una perspectiva mental, física y espiritual más saludable. Si abandonas el optimismo, abandonas la fe. No pierdas la fe en la vida porque la fe siempre está de tu lado. El optimismo abre tu corazón y tu mente para encontrar formas convencionales y no convencionales de resolver los desafíos.

∞

El optimismo ante la vida te hace ver la luz brillante en ti mismo y en los demás.

Ser feliz

La naturaleza de tu alma es ser feliz. Elige ser alegre tan a menudo como puedas y atraerás más felicidad y salud. La felicidad es lo que eres dentro de tu alma. La felicidad es la demostración de tu alma. Cuando eres feliz, tu cerebro se vuelve más alerta a las inspiraciones de tu alma. Una mente abierta te hace consciente de la sabiduría de tu alma.

Ser feliz produce una manifestación inmediata del deseo del alma. Por el contrario, el solo pensar en hacer algo divertido, demora el proceso de manifestación, porque la mente sobre analiza las cosas del pasado.

Muchas personas buscan la felicidad en el exterior, esperando que otros los hagan felices. Puede que tú también hayas pensado que la felicidad viene de una fuente externa. Puede que también hayas definido la felicidad como una acumulación de cosas materiales. Pero, ¿las cosas te hacen realmente feliz? ¿Has olvidado que llevas la felicidad en tu alma?

∞

La alegría es la fuente de la juventud. Cuando experimentas alegría y amor, te sientes con energía, más joven y sano. La alegría diaria te mantiene sano y con una vida más longeva. Te conecta con tu alma y rejuvenece tu corazón, tu mente y tu cuerpo.

∞

Cuando crees en tu propia felicidad, esta se convierte en tu verdad que, a su vez, crea experiencias. La felicidad pone en movimiento tu energía, produciendo así más felicidad. Cuando dejas de reaccionar a lo que otros piensan, dicen y hacen potencias tu felicidad y tu paz.

∞

La felicidad es tu alma activando las endorfinas de tu cerebro, permitiéndote sentirte espiritual y físicamente positivo. Cuando eres feliz, creas un cerebro sano, porque la felicidad es conciencia alta que afecta positivamente a tu cuerpo físico a nivel celular. Cuando experimentas la felicidad en el momento presente, te permites disfrutar de la vida con los demás.

∞

Nadie puede controlar la felicidad de otra persona, pero alguien que es feliz puede desencadenar la felicidad en otros. Desencadenar la felicidad en los demás te anima a desencadenar tu propia alegría. Sé la persona feliz en la multitud que inspira alegría. Cuando expresas tu felicidad, tu sentido del humor se torna ilimitado.

∞

Ser feliz es aceptar todas las cosas con amor. La felicidad te hace flexible. La felicidad es irracional, no es algo que se pueda analizar, se experimenta internamente.

∞

Sé feliz porque estás aquí para celebrar la vida. Elige en cada momento tu mayor entusiasmo para realizar lo que más te gusta. Cuando empieces a vivir tu entusiasmo en el momento presente, podrás atraer lo que necesitas, porque es exactamente lo que proyectarás a través de tus pensamientos y deseos. Por otro lado, vivir en el pasado, a través de tus dramas, puede que no te permita experimentar la felicidad.

∞

Las expectativas hacia los demás pueden conducir a la infelicidad y pueden afectar temporalmente tu estado mental, emocional, físico y espiritual. Cuando esperas acciones de los demás y no las recibes, te sientes decepcionado, especialmente si has hecho algo por ellos y esperas reciprocidad.

∞

La felicidad es una elección personal que afecta a tu entorno personal y laboral, te permite ser creativo, pero, si te sientes infeliz, te faltará motivación para trabajar y no podrás servir bien a los demás. La infelicidad impide el crecimiento espiritual.

∞

Haz las cosas porque estás feliz, porque la felicidad crea todas tus circunstancias y experiencias.

CAPÍTULO 18
Inspiraciones espirituales

La inspiración espiritual es la sabiduría del alma, de la tierra, de la galaxia o del universo, y es energía que nos rodea, esperando que la aproveches. La inspiración te permite recrear un nuevo tú espiritualmente para evolucionar.

Cuando mis padres me criaron en Lima, Perú, era consciente de mi mundo espiritual. Tenía una visión de conceptos espirituales más profundos como la vida eterna, las almas y la reencarnación. No había leído sobre estas cosas y nadie me había enseñado, simplemente lo sabía. Más adelante, me di cuenta de que algo dentro de mí me mostraba estas perspectivas espirituales y empecé a comprender que esta inspiración espiritual provenía de mi alma.

Mi conocimiento del reino espiritual me inspiró a recordar quién era, quién soy y en quién me convertiré en mi camino evolutivo. Como *coach* espiritual de vida, maestro de reiki e instructor de danza de salón, comparto mis inspiraciones y experiencias espirituales con otros para que puedan mejorar sus vidas.

A continuación, algunas perspectivas sobre las inspiraciones:

Eres un ser divino nacido perfecto. Todos somos una familia en este mundo. Lo que proyectas o constantemente piensas, vas a crear. Tu alma es feliz, paz, sabiduría, amor y libertad. Las inspiraciones son otra forma en que tu alma te recuerda quién y qué eres: un ser espiritual eterno en este mundo físico y espiritual. Las inspiraciones espirituales son el lenguaje universal de la vida.

∞

Cuando tu mente y tu corazón desean inspiración, tu alma responde dándote sabiduría.

∞

Las inspiraciones son siempre constructivas, vienen de tu alma y de tus alrededores para guiarte en tu vida. Pueden producir experiencias positivas.

∞

La inspiración viene cuando estás en paz o enamorado de la vida y de ti mismo, cuando eres creativo (la creatividad es otra forma de intuición) o haces cosas que te gustan. La inspiración espiritual puede llegar en cualquier momento y en cualquier lugar, a través de un estado mental apacible o de la meditación.

Aquí comparto algunas perspectivas espirituales que te ayudarán a ser más consciente de ti mismo:

La conciencia espiritual es la mente iluminándose sobre quién y qué eres. Cuando te vuelves consciente, puedes producir experiencias diferentes y más avanzadas espiritualmente en tu vida. La iluminación es otra palabra para referirse a la conciencia o al recuerdo.

La conciencia espiritual es una forma de intuición/conocimiento de una verdad sobre alguien o algo. La conciencia espiritual puede despertar tu mente para superar los retos personales.

∞

Estar espiritualmente consciente en cada momento produce inmediatamente experiencias alegres, porque tus intenciones y acciones pueden llevarte a cualquier lugar que desees en la vida. Sé todo lo que puedas ser a nivel espiritual. Vivir en el momento presente te permite experimentar lo que deseas ser: amor.

∞

Cuando eres consciente de quién eres espiritualmente, le recuerdas a los demás en qué te estás convirtiendo: un ser espiritual. Esto permite que otros sigan tus pasos y se vuelvan más espirituales también.

∞

A través de tu propia conciencia espiritual, tu deseo y tus decisiones, tienes el poder de cambiar tu experiencia futura. Tu poder espiritual interno está listo para ser liberado. Actúa ahora y crea el futuro espiritual que deseas. Tus elecciones y acciones diarias producen tus experiencias futuras.

∞

Todos y todo te brindan conciencia de tu ser espiritual. Algunas personas te hacen consciente de quien fuist e en tu vida pasada. Algunas personas te hacen consciente de quién eres en el presente. Y algunas personas te hacen consciente de tu posible futuro.

∞

No condenes a los que no son conscientes espiritualmente. Por el contrario, apóyalos en su crecimiento espiritual y ayúdalos a tomar conciencia de su verdadera identidad, pues aún viven en las ilusiones de sus antepasados. Ayúdalos a despertar.

∞

Es tan importante ser creativo como inteligente. La creatividad te anima a resolver los retos. La inteligencia (información) te ayuda a saber cuáles son tus opciones. Cuando eliges la creatividad, es tu alma la que te ayuda a tomar decisiones más sabias.

∞

El autodescubrimiento puede llevarte a dominar tu propia vida espiritual para que puedas elegir y experimentar el amor.

CAPÍTULO 19

Nuestros asombrosos centros de energía espiritual

De origen sánscrito, la palabra chacra significa rueda o círculo. Son los centros de energía espiritual que traemos en nuestra alma a este mundo físico cuando nacemos para ayudarnos a equilibrar mental, emocional y espiritualmente nuestro cuerpo físico. Para mantener una salud óptima, es esencial incorporar los componentes espirituales, mentales y físicos de los centros de energía en el proceso de autosanación. Recuerda que todos somos energía/alma.

Cuando tenía veintitrés años, un sanador espiritual me introdujo en el concepto de los centros energéticos o chacras del cuerpo humano. Mientras me entrenaba en el arte de la sanación con energía de reiki, llegué a creer que nuestros centros de energía son manifestaciones espirituales de la conciencia de nuestra alma.

Los siete centros de energía más conocidos están alineados a unos tres o cuatro centímetros de distancia unos de otros. El primer centro de energía se encuentra en la base de la columna vertebral y el séptimo en la parte superior de la cabeza. Este primer centro energético se mueve verticalmente hacia abajo, hacia el suelo, en un movimiento circular. Mientras que el séptimo centro energético se mueve hacia arriba en otro movimiento circular. Los centros energéticos segundo, tercero, cuarto, quinto y sexto se mueven horizontalmente hacia afuera también en movimientos circulares.

Cuando los centros energéticos se mueven en direcciones diferentes entre sí, esto indica que la persona está mental, emocional o espiritualmente confundida. Cuando algunos de los centros energéticos se mueven en diagonal hacia el hemisferio derecho del cerebro puede implicar una inclinación femenina. Por el contrario, cuando algunos de los centros energéticos se mueven en diagonal hacia el cerebro izquierdo puede implicar una inclinación masculina, tanto si se es mujer como hombre.

Se pueden abrir los centros energéticos de una persona colocando los dedos cerrados a cinco o seis centímetros del cuerpo y haciendo diez pequeños círculos hacia tu derecha o simplemente visualizando que los centros energéticos están abiertos.

Me gustaría compartir algunas perspectivas para entender nuestros centros energéticos:

Tu primer centro energético (chacra raíz) se mueve hacia abajo y representa tu conexión con la conciencia de la tierra, tu conexión con tu cuerpo físico, la cantidad y calidad de tu fuerza vital y tu supervivencia física. Este es tu centro energético de tener los pies en la tierra, te permite ser práctico de manera mental y emocional. Las condiciones que cierran este primer centro energético incluyen estar emocional o mentalmente estresado, tener miedos, estar cansado, largas horas de trabajo, falta de sueño o aferrarse a viejas maneras de pensar que han sido transmitidas por tus antepasados.

Cuando tu centro de energía de la raíz está abierto, moviéndose vertical y circularmente hacia tu izquierda con un diámetro entre 4 y 8 centímetros, implica que estás mental, física y espiritualmente arraigado, eres práctico y tienes menos miedo a la vida.

Tu segundo centro energético posterior (chacra sacro que se encuentra por encima del coxis) representa la fuerza, la cantidad y la calidad de su energía sexual. Cuando tu centro de energía está abierto, moviéndose horizontal y circularmente hacia tu derecha junto con tu centro de energía del corazón entre 4 a 8 centímetros de diámetro, muestra que estás mental, física, emocional, espiritual y sexualmente abierto a tu pareja.

Tener vergüenza sexual, tener sexo solo para complacer a otros o no entender lo que es realmente el amor, puede hacer que este centro de energía se cierre. Esto puede deberse a que te aferras a viejas ideas sobre la sexualidad que te han transmitido tus padres y las instituciones religiosas.

El tercer centro energético posterior (detrás del plexo solar) representa tu capacidad de autosanación. Cuando este centro de energía está abierto, moviéndose horizontal y circularmente hacia tu derecha entre 4 y 8 centímetros de diámetro, indica que te estás sanando mental, emocional, física y espiritualmente.

Si eliges consciente o inconscientemente reprimir tu capacidad de autosanación o dejas de cuidarte a causa de viejas maneras de pensar almacenadas a nivel subconsciente, este centro energético se cierra.

Tu cuarto centro energético posterior (detrás de tu chacra del corazón) representa tu verdadera identidad espiritual: el amor. Cuando este centro de energía está abierto, moviéndose horizontal y circularmente hacia tu derecha entre 4 y 8 centímetros de diámetro, muestra que eres consciente de tu amor interno y estás listo para expresarlo con otros.

Reprimir tu identidad espiritual (amor), a causa de las viejas maneras de pensar que has venido recibiendo, cierra este centro energético.

El quinto centro energético posterior (detrás de tu cuello) representa tus objetivos personales. Cuando este centro de energía está abierto, moviéndose horizontal y circularmente hacia tu derecha entre 4 y 8 centímetros de diámetro, indica que estás expresando tus metas personales ya sean de trabajo o madurando mental, emocional, física y espiritualmente.

Si los objetivos personales no se están realizando es porque este centro energético está cerrado y puede estar afectado por viejas ideas que te han transmitido sus antepasados que no te dejan ver tus metas en la vida.

El sexto centro energético posterior (detrás de la frente) representa tu creatividad en su entorno personal y laboral. Cuando este centro de energía está abierto, moviéndose horizontal y circularmente hacia tu derecha entre 4 y 8 centímetros, muestra que eres mental, emocional, física y espiritualmente creativo.

Si no estás disfrutando de tu trabajo actual, estarás reprimiendo tu lado creativo y este centro energético se cerrará. Si eliges conscientemente algo que te guste en tu entorno de trabajo, entonces te volverás automáticamente más creativo y mantendrás este centro de energía abierto.

Tu segundo centro energético frontal (situado debajo del ombligo) representa tu expresión y conexión emocional contigo mismo y con los demás. Cuando este centro de energía está abierto, moviéndose horizontal y circularmente hacia tu izquierda entre 4 y 8 centímetros de diámetro, representa tu expresión mental, emocional, física y espiritual.

Si eliges consciente o inconscientemente reprimir tu conexión emocional con los demás, producto de aferrarte a viejas ideas, este centro energético se cierra. Si eliges conscientemente conectar más emocionalmente con los demás a través de tus perspectivas espirituales, entonces mantendrás este centro energético abierto.

Tu tercer centro de energía frontal (situado en el plexo solar) representa tu visión de la vida, tu autoestima y tu poder personal. Cuando este centro de energía está abierto, moviéndose horizontal y circularmente hacia tu izquierda entre 4 y 8 centímetros, implica que eres consciente de expresarte libremente.

Sentirse culpable o avergonzado de ti mismo por las ofensas que has hecho a otros puede cerrar este centro energético.

Tu cuarto centro energético frontal (situado en el corazón) representa tu relación de amor y tu capacidad de recibir, dar y aceptar incondicionalmente a ti mismo y a los demás por lo que son. Cuando este centro de energía está abierto, moviéndose horizontal y circularmente hacia tu izquierda entre 4 y 8 centímetros, implica que te estás nutriendo mental, emocional, física y espiritualmente a ti mismo y a los demás.

La elección consciente o inconsciente de reprimir el amor por uno mismo y por los demás originadas por las viejas ideas que se te han transmitido, cierra este centro energético. Si este centro energético está cerrado, indica que puedes sentir tristeza, aislamiento y depresión, o que estás pasando por momentos difíciles en tu relación actual.

El quinto centro de energía frontal (situada en la garganta) representa los sentimientos, la autoexpresión espiritual y la comunicación con los demás. Cuando este centro de energía está abierto, moviéndose horizontal y circularmente hacia tu izquierda entre 4 y 8 centímetros, sugiere que estás expresando tus sentimientos mentales, emocional, física y espiritualmente.

Si sigues escogiendo consciente o inconscientemente reprimiendo la expresión verbal de tus sentimientos, este centro energético se cerrará y afectará a tu cuerpo físico en zonas como la tiroides. Sin embargo, puedes expresarte mentalmente con los demás, pero es más importante expresar tus sentimientos, para que sepan lo que sientes por alguien o por algo.

Tu sexto centro de energía frontal (situado entre la ceja - tercer ojo) representa tu comprensión espiritual sobre la vida. Cuando este centro de energía está abierto, moviéndose horizontal y circularmente hacia tu izquierda entre 4 y 8 centímetros de diámetro, implica que puedes ver auras y almas en diferentes dimensiones.

La retención de tu comprensión espiritual causada por las viejas maneras de pensar que has recibido puede cerrar este centro de energía.

Tu séptimo centro de energía (situada en la parte superior de la cabeza) representa el conocimiento y la conexión con tu conciencia alta. Cuando este centro de energía está abierto, moviéndose vertical y circularmente hacia tu derecha entre 4 y 8 centímetros de diámetro, sugiere la expresión de tu alma y de tu mente creativa es consciente.

Si sigues eligiendo consciente o inconscientemente reprimir tu conexión o comprensión cósmica, este centro energético se cierra.

Tu octavo centro de energía, por encima del chacra de la coronilla, moviéndose verticalmente hacia la izquierda, representa tu participación en la conciencia global. Este centro de energía refleja la capacidad de experimentar patrones de pensamiento similares con otros simultáneamente o experimentar la comunicación telepática. Cuando este centro de energía está abierto, moviéndose vertical y circularmente hacia tu derecha entre 4 y 8 centímetros de diámetro, indica que mente y alma están conectadas conscientemente con otros individuos.

Reprimir tu afiliación con la conciencia de grupo (conectada con los demás), causada por las viejas ideas de separación que se te han transmitido, cierra este centro energético, al igual que el aferrarse a ideas negativas sobre los demás.

Tu noveno y décimo centro de energía se encuentra a unos veinte centímetros por encima del octavo centro de energía, representan tu conexión con las inspiraciones cósmicas de los seres altamente evolucionados y de toda esta galaxia. Cuando estos centros de energía están abiertos, moviéndose vertical y circularmente hacia tu derecha entre 4 y 8 centímetros de diámetro, indican que estás conectado espiritualmente con tu sabiduría cósmica.

Otros importantes centros de energía

Tu pecho, o los centros de energía de los pechos moviéndose horizontalmente, representa la autoalimentación mental, emocional, físico y espiritual hacia ti mismo y hacia los demás.

Cuando el centro de energía del pecho o seno derecho se mueve horizontalmente hacia tu derecha, mientras que el centro de energía del pecho o seno izquierdo se mueve hacia la izquierda, esto puede indicar que están abiertos y que estás nutriendo a los demás y a ti mismo, mental, emocional y físicamente. Sin embargo, cuando estos centros de energías están cerrados, puede indicar que no te estás cuidando. Esta perspectiva, a lo largo de los años, puede causar problemas de salud en el pecho o los senos.

Para abrir casi todos los centros energéticos de tu cuerpo, utiliza tus dedos derechos o izquierdos unidos y haz diez pequeños círculos hacia tu derecha. Además, cuando los centros de energía están muy abiertos entre

10 y 14 centímetros, esto significa que persona está expresando excesivamente esta energía o emoción. Para balancear esta energía circular en dirección occidental de 4 y 8 centímetros de diámetro, usa tus dedos juntos para hacerlos más pequeños.

Las orejas, los ojos, la boca, los hombros, los codos, las caderas, los tobillos, las manos y los pies también tienen centros de energía y también pueden estar abiertos o cerrados.

Todos los centros de energía que están temporalmente cerrados pueden abrirse expandiendo o cambiando las perspectivas de tu mente hacia la espiritualidad.

Centros de Energía

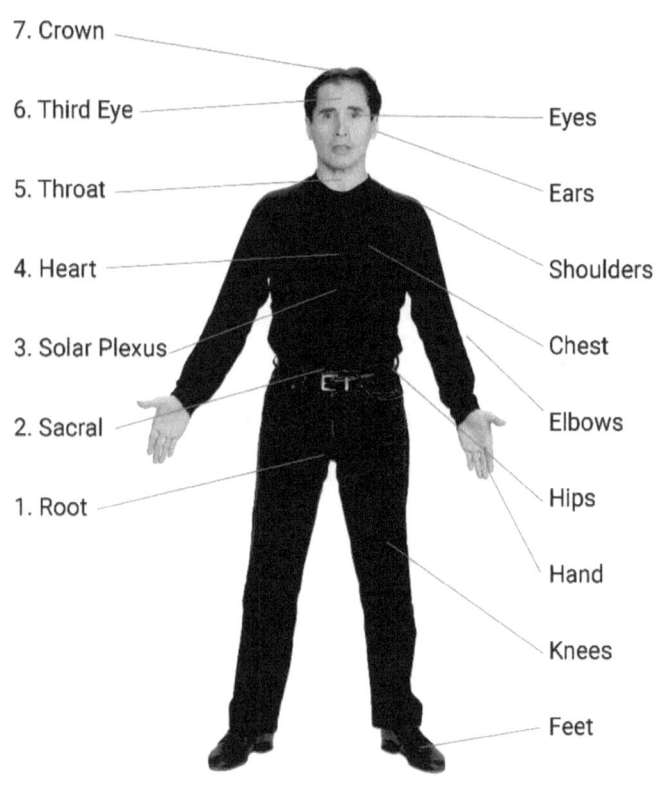

CAPÍTULO 20
La sabiduría de los sueños

Los sueños son mensajes de la mente subconsciente, guías espirituales o del alma para guiarnos a superar los retos de nuestra vida cotidiana. Los sueños también pueden ser pensamientos, deseos y fantasías enviados por tus seres queridos para hacerte saber qué están pensando en ti de cualquier forma.

Algunas personas no recuerdan sus sueños, creen que son una función del cerebro que genera imágenes y opiniones en la mente. Puede que no les den importancia a los sueños o que no les interese entender su significado. Además, los sueños se interpretan de forma diferente en las distintas culturas debido a las distintas perspectivas que han recibido de los padres. Pero entender los sueños es vital para entenderse a sí mismo.

Interpretar mis propios sueños, así como los de mis amigos y clientes, me ha ayudado a encontrar algunas señales y respuestas a los retos a los que todos nos enfrentamos. Los sueños han sido una herramienta importante para entender mi espiritualidad. Por ejemplo, cuando sueñas que estás volando, indica que estás expresando conciencia alta. Si tienes pesadillas, indica confusión contigo mismo o con los demás.

Me gustaría compartir algunas perspectivas y mis experiencias sobre los sueños:

Los sueños son experiencias de viaje astrales de tu alma, que ocurren durante el sueño y a veces durante una meditación.

∞

Los sueños pueden ser mensajes espirituales enviados por tu alma a tu mente creativa consciente, para guiarte y ayudarte a resolver tus retos personales con otros.

∞

Los sueños son realidades espirituales que pueden ser más importantes que tu realidad física. Tu realidad espiritual puede ayudarte a evolucionar en conciencia más rápido en cualquier momento a través de tus perspectivas espirituales cuando lo decidas.

∞

Los sueños son información sobre las experiencias de tu vida presente y pasada. Los sueños también pueden ser premoniciones, pensamientos que pronto se materializarán en forma física. Actúa sobre las visiones de tus sueños. Tu acción positiva de ahora producirá tus futuras experiencias espirituales.

∞

Los sueños traen la conciencia de que los cambios están en camino. Escucha tus sueños. Escribe tus sueños y observa cómo se desarrolla tu vida de la manera que tus sueños lo han predicho. Las pesadillas también son sueños que te hacen saber que tu vida contigo mismo y con los demás se ha vuelto disfuncional.

∞

Los sueños pueden comunicarse contigo de forma no lineal. Son metáforas que te permiten interpretarlos según tu mentalidad o conciencia espiritual.

∞

Si solo piensas que los sueños pueden darte mensajes constructivos, pero no haces nada al respecto, no estás aprovechando la oportunidad. Tienes el poder de cambiarte a ti mismo si así lo decides.

∞

En los sueños, la conciencia de tu alma se comunica a través de símbolos e imágenes con tu mente para crear un mensaje.

∞

Los sueños son experiencias multidimensionales que te permiten viajar en el tiempo. Por ejemplo, como adulto, ¿alguna vez has soñado que te veías de pequeño con tus padres o hermanos jugando juntos en casa? Esta experiencia espiritual de viaje en el tiempo, a través de un sueño/experiencia de un viaje astral, puede ayudarte a cambiar tu mente y a ser más consciente de tu ser espiritual. Recuerda que el pasado, el presente y el futuro ocurren simultáneamente.

∞

A través de los sueños lúcidos, puedes crear una experiencia espiritual con otra alma mientras duermes. Los sueños lúcidos ocurren cuando te despiertas en medio de un sueño, vuelves a dormir y luego regresas conscientemente a tu estado de sueño para seguir o experimentar el resto del mismo sueño. Puedes tener el control de tus sueños lúcidos y producir tus propios resultados.

∞

Los sueños pueden ser mensajes de tu vida pasada para hacerte recordar quién fuiste y quién eres ahora en esta vida presente: un ser más evolucionado.

∞

Los sueños son también una herramienta para comunicarse con un ser querido que falleció antes que tú. Mientras vivas en esta tierra, puedes comunicarte a través de tus sueños con tus seres queridos. Antes de dormir, habla con tu padre, madre, hermana, hermano, etc., pídele que te dé un mensaje a través de tus sueños (una experiencia fuera del cuerpo) y repite esto tres veces «Recordaré mi sueño sobre papá, mamá, hermana, etc.». Te sorprenderás cuando al día siguiente recuerdes tu sueño y el mensaje de ellos.

∞

Soñar que eres inseguro o celoso en tu relación íntima te está recordando que debes trabajaren ti mismo. Este tipo de sueño puede hacerte perder el sueño y sentir celos por tu pareja, pero también puede ayudarte acordar y sobreponer tu inseguridad de tu pareja.

∞

Soñar despierto es cuando alguien está imaginando, pensando o teniendo una fantasía sobre alguien o algo. Soñar despierto también puede implicar que alguien se aburre haciendo cosas que no le gustan o que se está distrayendo con el pasado o futuro.

Además, soñar despierto y meditar sobre tus deseos personales y espirituales puede ayudarte a conseguirlos antes. Soñar despierto puede ser una poderosa herramienta de visualización. Si alimentas e interpretas tus sueños despiertos con conciencia espiritual, puedes materializar y experimentar tus deseos personales rápidamente. Por otro lado, soñar despierto sin actuar no te ayudará a materializar tus sueños.

CAPÍTULO 21
Sanación espiritual

Nuestro mundo lentamente está cambiando hacia un futuro más brillante para todos. Estamos más conscientes de la alta energía en este mundo y nos ayudamos a elegir y a tomar mejores decisiones positivas hacia una unión entre nosotros.

La sanación espiritual es la conciencia y la experiencia del amor, la alegría y la paz dentro de tu alma, aliviando tus desequilibrios mentales, emocionales, físicos y espirituales. Algunos sanadores espirituales son cada vez más conscientes de esta nueva conciencia alta y se han convertido en sanadores más eficientes. Cuando te sientes bien durante una sesión de sanación espiritual de un curandero, ella/él está compartiendo su energía alta contigo. Sentirte bien es una expresión espiritual de tu alma que te hace saber que estás en el camino correcto.

«Rico en salud» es una expresión que se está popularizando poco a poco en nuestra sociedad, porque la mayoría de nosotros nos damos cuenta de que, sin buena salud, por muy ricos o pobres que seamos económicamente, nuestra capacidad de disfrute en la vida es limitada. El dinero puede darte cierto confort físico y mental, pero la conciencia de tu alma puede darte mucha salud y confianza en ti mismo, así como comodidad emocional, mental y espiritual para que puedas disfrutar de tu vida al máximo.

Siempre me ha fascinado la mentalidad de las personas, el alma, las emociones y los rasgos que heredan de sus padres. Empecé a trabajar como sanador espiritual y *coach* de vida dando charlas sobre espiritualidad, así como enseñando yoga y escribiendo libros. A través de mis muchos años de experiencia, he aprendido que muchas personas buscan respuestas fuera de sí mismas, en lugar de hacerlo internamente. Si podemos cambiar nuestra mentalidad a través de la conciencia de nuestra alma, también podemos cambiar nuestras vidas.

Quiero compartir las siguientes perspectivas espirituales sobre la sanación espiritual para que lo uses contigo mismo y con los demás:

Un sanador espiritual es aquel que comparte y crea una curación energética durante una sesión para que el cliente se dé la oportunidad de elegir o sanarse ella/él mismo.

∞

Un sanador espiritual necesita pedir permiso para dar sanación al cliente antes de una sesión, para conectarse y experimentar la unidad a nivel energético. Sanar a otros sin su consentimiento es el trabajo de la mente y del falso ego, y puede no funcionar, porque el cliente no está preparado para ser sanado a través del sanador.

∞

La curación espiritual es una energía multidimensional sin estar en la mente. Es decir, funciona más allá de la mente, permitiéndote estar en contacto con tu alma para que te guíe. Cuando seas consciente de que todos los métodos de sanación utilizan energía de frecuencia alta, podrás ayudar a los demás a sanar más rápidamente. Cuando tú, el sanador, estás enamorado de la vida y de las personas, entonces el amor del cliente se encenderá para que la autosanación ocurra al nivel de conciencia o físicamente.

∞

Para acelerar el proceso de sanación al cliente, deja tu mente a un lado y permite que tu alma o sabiduría te dé indicaciones. A veces, cuando los demás no tienen el deseo de ser curados, la sanación espiritual puede no funcionar, por mucho que el sanador lo intente. Recuerda que la autosanación es una decisión personal y el deseo de sanarse.

∞

La sanación espiritual es el proceso de restaurar el equilibrio de tu conciencia mental, emocional, física y espiritual. Cuando dejas de lado algunas de tus antiguas perspectivas, que te han transmitido tus antepasados y que han causado desequilibrios en tu perspectiva, entonces la curación espiritual tendrá lugar de forma natural. Cuando liberas a tu mente de la vieja conciencia, también sanas tu cuerpo a nivel celular. Cuando creas que eres un ser humano digno, entonces la química de tu cuerpo a nivel celular cambiará y podrás ser más saludable.

∞

Cuando un sanador espiritual logra percibir la perfección y el magnífico ser humano que es el cliente, lo está invitando a experimentar y cocrear su propio proceso de sanación.

∞

La sanación espiritual con o sin imposición de manos es un método efectivo. Como sanador, la forma de empezar a practicar con tu cliente depende de lo que te resulte más cómodo. Algunos sanadores practican primero con las manos para sentir directamente lo que ocurre dentro del cliente, mientras que otros sanadores pueden trabajar con afirmaciones espirituales para que el cliente las utilice para equilibrar la química de su cuerpo y su mente.

∞

Sanar a otros implica trabajar de forma holística en los aspectos físicos, mentales y emocionales del cliente y no solo en los síntomas de los problemas. Si el cliente tiene un problema de salud, hay que averiguar qué forma de pensar tiene antes de las sesiones de sanación para tratar la causa subyacente, usualmente induciéndole a cambiar una antigua creencia por una nueva perspectiva espiritual.

∞

Para protegerte de la energía negativa de un cliente, eleva tu vibración encarnando amor, compasión, alegría, paz y libertad. Esta protección espiritual o luz no puede afectar tu energía.

∞

Enviar buenas vibraciones a otros es otra forma de curación espiritual que les ayuda a elevar su energía y fortalecer su sistema inmune.

∞

Todos somos capaces de hacer nuestra propia autosanación, que podemos realizar con nuestras manos. Con los dedos de la mano derecha, haz diez círculos en la palma de la mano izquierda hacia tu lado derecho, y luego haz lo mismo con los dedos de la mano izquierda, haciendo diez círculos en la palma de la mano derecha hacia lado izquierdo. Ahora, frota las palmas de las manos durante veinte segundos y colócalas en la parte del cuerpo donde sientas alguna molestia. Hazlo dos o tres veces al día hasta que esas sensaciones desaparezcan.

∞

La autosanación es una forma de estar en paz con uno mismo a través de la meditación, porque la paz que esta genera eleva tu conciencia alta. A su vez, afecta a los estados mental, físico, emocional y espiritual.

∞

La autosanación es la conciencia de una nueva perspectiva espiritual que viene de tu alma a tu mente consciente para crear salud si lo eliges.

∞

Compartir tu alegría despertará y sanará tu mente y el cuerpo conscientes. La risa abre tu centro de energía del corazón, lo que te permite tener una mente más abierta para sanarte a ti mismo. La alegría eleva tu vibración, por lo cual atrae la sanación a nivel celular.

∞

Abrazar a otros es otra forma de sanación espiritual. Simboliza la unidad con el otro. ¿Has sentido alguna vez una energía cálida cuando alguien te abraza? Si es así, es porque tú y la otra persona están compartiendo una sanación mutua. Reconforta a los que tienen problemas en la vida otorgándoles un cálido abrazo.

∞

La danza en pareja es otra forma de sanación espiritual cuando bailan juntos. Esto se debe a que, cuando dos personas bailan juntas con contacto físico, están compartiendo, intercambiando o alimentando la sanación energética entre ellos. Cuanto más bailen juntos tú y tu pareja, más intercambiarán energía a nivel del alma y tener similares pensamientos.

Todos y todas las cosas tienen energía y conciencia. Puedes curar algunas de tus condiciones de salud bebiendo un vaso de agua antes de las comidas. Antes de beber el vaso de agua filtrada, pon el vaso cerca de tu boca y di esta afirmación tres veces al día: «Gracias, agua, por hacerme más sano». Lo que estás haciendo es utilizar tus pensamientos, intenciones y energía para convertir la vibración del agua consciente en agua curativa. Puedes hacer lo mismo con los alimentos que comes.

∞

La sanación a través de tus guías espirituales es otra forma de una autosanación. Cuando te sanes a ti mismo y a los demás, estás contribuyendo con paz y armonía a este mundo.

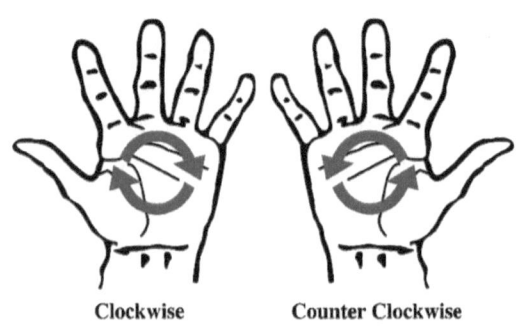

Clockwise   **Counter Clockwise**

Energías abiertas

CAPÍTULO 22

Experiencias de sanación

Cada vez más, la sanación con reiki y otros métodos se han convertido en herramientas importantes en los hospitales y centros de sanación. Muchas enfermeras ofrecen diferentes tipos de modalidades de sanación espiritual, como las sesiones de sanación de reiki, a petición del paciente, ya que puede acelerar el proceso de curación antes y después de una cirugía, puede desencadenar una sensación de paz después de un trauma, puede ayudar aliviar los malestares emocionales como el miedo, el estrés, la culpa, la pena, la depresión y la ira.

Cuanto más entiendas el proceso de sanación, más en contacto estarás con tu alma. Ambos, el que da y el que recibe una sesión espiritual de sanación, pueden beneficiarse enormemente del intercambio de energía positiva a nivel emocional y espiritual.

A continuación, se muestran algunas de mis experiencias de sanación espirituales con mis clientes:

En 1997, en Washington D.C., fui a un instituto espiritual y participé en un servicio de sanación. Había dos sanadores espirituales (otra persona y yo) de pie a unos cuatro metros de distancia el uno del otro y a unos dos metros del público. La sala se quedó en silencio y el pianista tocó música de meditación para el breve tratamiento de sanación que estábamos proporcionando al grupo. Cerré los ojos y abrí ligeramente las manos con las palmas arriba.

De repente, sentí una fuerza que levantaba simultáneamente mis palmas de mis manos hacia el público para canalizar energía espiritual. Mis manos se calentaron y el calor cesó al cabo de unos minutos. Me pregunté quién había abierto mis manos. Cuando abrí los ojos, no había nadie alrededor mío, excepto el otro sanador que estaba a mi lado izquierdo. Me di cuenta y acepté que mis guías espirituales estaban contribuyendo al proceso de sanación que habíamos realizado.

∞

A principios de 2001, vi a una clienta en Washington D.C. que me llamó para solicitar una sesión de sanación de reiki. Me dirigí a su casa. Era una casa desordenada y, mientras buscaba un lugar entre la cocina y el comedor para poner mi mesa de reiki, me pregunté si ella podría pagarme por mis servicios. Como ya estaba allí, decidí que haría lo mejor posible ya sea si me pagara o no. Cerré los ojos, agradecí a mi Espíritu y a mis guías del alma por esta oportunidad que habíamos creado.

Unos minutos más tarde, ella estaba acostada en mi mesa y comencé la sesión. Ambos brazos, desde el tríceps hasta las manos, empezaron a calentarse por un lapso que sentí bastante largo, aunque solo fueron uno o dos minutos. Fue una experiencia increíble. Sentí que la energía se canalizaba a través de mis brazos, ayudando a la clienta a experimentar su propio proceso de autosanación y a equilibrar su antigua mentalidad, que había estado produciéndole desarmonía mental, emocional y física.

No había experimentado esta intensidad de energía antes. Fui consciente, a través del flujo de energía, de que no había sido capaz de expresarse verbalmente de que tenía miedo a la vida, que no era capaz de conectar emocionalmente con los demás y, lo más importante, de que no conocía la espiritualidad. Después de treinta minutos, terminé la sesión y le di una sesión de *coaching* de vida y sugerencias sobre cómo entender su vida espiritual.

Después de la sesión, mi cliente, antes confundida y alterada, se sentía emocional y mentalmente equilibrada, tranquila, centrada y alerta. Unos minutos más tarde, se dirigió a la cocina, buscó su bolso y pagó la sesión. Dudé y le pregunté:

—¿Estás segura?

—Sí —dijo—, me siento mejor.

∞

En 2004, el hermano de mi niñera en Lima, Perú, me pidió una curación espiritual por una hinchazón en la cara. Acepté y le pedí permiso para realizar la sanación espiritual. Él aceptó. Le pedí que me diera una foto suya reciente para que pudiera descansar en casa mientras yo le enviaba a distancia la sanación energética antes de acostarse. Las fotos de las personas están conectadas a ellas a nivel energético, independientemente de lo lejos que estén. Escribí su nombre completo y su dirección en el reverso de la foto, la sostuve en mis dos manos y en mi corazón y le envié una sanación espiritual durante veinte minutos.

Una hora después, la hinchazón de su cara se había reducido en un 90%.

∞

En 2011, un amigo, antiguo psicólogo clínico, vino a mi casa en Potomac, Maryland, para una sesión de reiki. Esta fue su experiencia en sus propias palabras:

«Sucedió durante una sesión de sanación de reiki con Carlos Gutiérrez, un viejo amigo. Estaba acostado de espaldas en una mesa de reiki durante la sesión de sanación y, al final, me dejó descansar unos momentos y luego dijo: "Ya puedes levantarte". Le oí decir esto y poco a poco empecé a levantarme para sentarme. Lentamente comencé a levantar mi cuerpo hasta quedar sentado sobre la mesa con las piernas colgando a un lado de la mesa, cuando noté que estaba sentado, ¡pero mi cuerpo no! Fue una experiencia muy extraña, estar allí sentado mirándome a mí mismo. Entonces me di cuenta de que otro yo estaba acostado en la mesa y empecé a repetir el movimiento para sentarme, pero era como una serie de fotografías de alguien moviéndose, algo así como lo que se veía en el programa de televisión "El Hombre Seis Millones" cuando usaba su poder sobrehumano. Mi cuerpo se mostraba como una serie de fotografías fijas en movimiento, como lo que podría verse con una luz estroboscópica. Supongo que duró milisegundos para que esto ocurriera cuando sentí como si mi alma me extrañara, aunque no era una sensación desagradable. Pude ver que sucedía en tiempo real sin ninguna distorsión. Sin embargo, fue algo extraordinario. No he vuelto a pensar mucho en ello desde entonces, tal vez porque no sabía si quería aceptar las implicaciones de la experiencia desde el punto de vista cognitivo».

CAPÍTULO 23
El nuevo coach holístico de vida

Un *coach* espiritual de vida, profesional, puede ayudar a acelerar el proceso de tu crecimiento, salud y relación amorosa, ayudándote a recordar quién eres espiritualmente, cambiando tu antigua perspectiva por una nueva.

Hemos sido reprimidos espiritualmente, lo que nos ha llevado a relaciones amorosas impacientes y disfuncionales. Sin embargo, a medida que nos hacemos más conscientes de las transiciones en la conciencia espiritual en nuestro mundo, podemos elegir esta nueva conciencia espiritual para mejorar nuestras vidas en general.

Me gustaría compartir algunas perspectivas sobre el *coach* espiritual para que mejores tu vida:

Los consejeros espirituales de vida animan a sus clientes a sentirse bien con ellos mismos a través de perspectivas espirituales, recordándoles que expresen su amor, alegría, paz, compasión y optimismo para la autosanación y crear armonía.

∞

Un *coach* espiritual con experiencia es aquel que ofrece perspectivas espirituales para ayudar al cliente a entender los miedos que han aprendido de sus padres y religiones institucionales. Si comprendes la causa de tus miedos, puedes superarlos.

∞

Cuando consigas un *coach* espiritual de vida, haz un par de sesiones antes de comprometerte con tratamientos a corto o largo plazo. Es importante observar que tan cómodo te sientes con ella/él antes de decidir cuántas sesiones puedes necesitar. Si te sientes internamente cómodo con tu *coach* de vida, será muy útil para acelerar el proceso de sanación.

Tú, el cliente, puedes sentirte más cómodo haciendo una sesión en persona con un *coach* espiritual de vida. Sin embargo, hacerlo virtualmente, también puede ser útil.

∞

Un *coach* de vida con larga experiencia en sanación espiritual puede ayudarte a lograr el equilibrio abriendo tus centros de energía y liberando el estrés, los traumas y las emociones reprimidas que puedes haber estado reteniendo por mucho tiempo. Después de una sesión, puede orientarte sobre cómo cambiar tu perspectiva espiritual para superar los desafíos personales.

∞

Todas las sesiones espirituales son intercambios de energía de las almas entre los clientes, guías espirituales y el sanador.

CAPÍTULO 24
Tu salud

La salud es el equilibrio entre la mente, el cuerpo, las emociones y el alma. Cuando evolucionas espiritualmente, puedes crear la oportunidad de estar naturalmente sano a nivel mental, emocional, físico y espiritual. Es importante entender que algunos desafíos de salud física y mental comienzan en el nivel de pensamiento o pueden ser algo que has heredado de tus padres, como una condición cardiaca, diabetes, alcoholismo u otros.

Esto no significa necesariamente que vayas a experimentar las condiciones de salud de tus padres, pero puedes ser propenso a tener problemas de salud similares a los de ellos si no te cuidas. Si cambias tu manera de pensar sobre ti mismo, puedes cambiar tu vida.

Me gustaría compartir algunas percepciones sobre la salud para que mejores tu vida:

Tu salud es una expresión de tu mente consciente. Tu cuerpo te escucha cuando sientes estrés, miedo, violencia, depresión, ansiedad o baja autoestima y esto afecta tu cuerpo. Si sigues experimentando consciente o inconscientemente estos estados emocionales a lo largo de los años, puedes afectar tu sistema inmunitario y desarrollar enfermedades. En cambio, si te sientes seguro de ti mismo, feliz, optimista, cariñoso y te mantienes activo mental, emocional y físicamente puedes elevar tu sistema inmunológico y mantenerte sano.

Cuando reprimes tus aspectos mentales, emocionales y espirituales a lo largo de los años, esto puede crear estrés, inflamación y enfermedad en tu cuerpo físico.

∞

Tu cuerpo físico es una expresión de la conciencia de tu mente y de tu alma, que lleva tu perspectiva antigua y actual que puede servir o perjudicar a tu cuerpo. Tu alma transporta tu cuerpo físico. Sin tu alma, tu cuerpo físico no puede vivir.

∞

Ser miope puede indicar que te centras más en el mundo exterior que en tu interior. Te gusta más ayudar a los demás que a ti mismo. Centrarte más en tu mundo interior puede animarte a alcanzar el equilibrio interno.

Ser hipermétrope puede demostrar que te centras más en tu interior que en el mundo exterior. Te gusta más ayudarte a ti mismo que ayudar a los demás. Centrarte más en el mundo exterior puede ayudarte a estimular el equilibrio.

∞

Los dolores de cabeza pueden indicar el estrés, la tensión o la negatividad a nivel energético que te estás imponiendo. Los dolores de cabeza suelen estar causados por mantener pensamientos negativos distorsionados que drenan tu nivel de energía.

∞

La obesidad puede ser hereditaria o estar causada por una mala alimentación (por ejemplo, demasiado azúcar) o por el consumo de alimentos procesados poco saludables o de muchos productos animales a lo largo de los años. Ser obeso puede hacer más difícil para el alma cargar con el cuerpo físico y, como resultado, puede quedar inmovilizado. Para mejorar la salud, puede ser recomendable cambiar los hábitos alimentarios y realizar pruebas de sangre para detectar alergias alimentarias.

∞

Si tienes dificultades para mantenerte sano, puedes desanimarte a evolucionar espiritualmente. Pero estar sano no tiene por qué ser un reto, una dieta sencilla y natural puede ser fácil y asequible para muchos dependiendo de su cultura. Dedicar tiempo a preparar o cocinar tus alimentos saludables puede ser menos costoso. Beber agua natural o filtrada es más beneficioso que beber refrescos con gas o agua potable llena de químicos.

∞

El ejercicio diario, como hacer yoga suave, correr, bailar, caminar, nadar o asistir al gimnasio puede incorporarse a tu régimen de salud. Mantenerte mental y físicamente en buena forma te hará sentirte mejor contigo mismo.

∞

Las palabras son herramientas poderosas. Condicionan tu mente, generan tus opiniones, influyen en tu comportamiento, cambian la química de tu cuerpo y afectan a tu sistema inmunológico. Expresar verbalmente pensamientos negativos y pesimistas disminuye tu energía, afectan tu sistema inmunológico y dañan tu salud. Las malas palabras tienen energías negativas que alimenta tu cuerpo físico, pero si utilizas las palabras constructivas, tiene una energía más optimista que puede balancear tu salud.

Por lo tanto, es importante utilizar palabras constructivas y espirituales que consideren a los demás y, en última instancia, a toda la sociedad como una entidad en evolución.

CAPÍTULO 25

Nuestro ineludible fallecimiento y reencarnación

¿Qué es la muerte y a dónde vamos después de esta vida? La mayoría de la gente cree en alguna forma de vida después de la muerte. La gente entiende que no morimos espiritualmente, porque el alma vive para siempre y nuestro cuerpo físico es una herramienta temporal que nuestra alma expresa a través del amor.

Cuando fallecemos, cambiamos de nuestro estado físico al espiritual y permaneceremos dentro de esos campos multidimensionales aquí y ahora, para encontrarnos con nuestros familiares, seres queridos y amigos que fallecieron antes que nosotros.

Me gustaría compartir algunas perspectivas sobre nuestro fallecimiento y la reencarnación para que dejen de temer la muerte:

El fallecimiento de un ser querido puede ser trágico o traumático si no entendemos cómo funcionan nuestras vidas espirituales. Nunca se puede morir espiritualmente a nivel del alma porque todos somos seres eternos y espirituales que vivimos simultáneamente en diferentes dimensiones. Puedes sentir que el fallecimiento de un ser querido es trágico, porque has aprendido que la muerte es el final de la vida y por eso la muerte puede ser lo que más temes en la vida.

El fallecimiento de un ser querido significa que solo dejas de verlo físicamente, pero no espiritualmente. Todos seguimos aquí viviendo juntos, pero en diferentes dimensiones. A veces puedes ver el alma de tus seres queridos mientras duermes o sentir su presencia. Vienen a visitarte mientras duermes para consolarte en momentos de necesidad.

Cuando dejes tu cuerpo físico en este mundo, llevas la esencia de tu alma, que es amor incondicional, al Cielo y los residuos positivos y negativos se quedan en esta tierra como un fantasma o energía oscura.

∞

Sufrir el fallecimiento de un ser querido es la reacción de tu vieja percepción e interpretación del fallecimiento a través de la limitada perspectiva espiritual de la mente. Has aprendido a lamentar el fallecimiento de tu ser querido en lugar de celebrar la partida del alma a otro viaje en el Cielo.

∞

El fallecimiento es el alma entrando en otra dimensión espiritual dentro de esta dimensión física, aquí y ahora. Al dar el último aliento, tus seres queridos que han fallecido antes que tú te estarán esperando, animándote y dándote la bienvenida a tu nueva vida.

∞

Celebra la muerte de tus seres queridos en el viaje espiritual especial hacia una nueva vida que tiene el alma. Si has sufrido mental y emocionalmente por la muerte de tus padres, ¿quieres que tus niños sufran por tu muerte? Si la respuesta es no, entonces dales educación espiritual para aliviar sus sufrimientos y, cuando te vayas, puedan celebrar tu partida.

∞

Dejar de existir es despertar de un sueño a otra dimensión y encontrar a tus seres queridos que han fallecido antes que tú. Seguirás reencarnando mayormente con la misma familia aquí en la tierra, para que puedas seguir evolucionando en tu grupo de conciencia.

∞

El fallecimiento es la salida del alma a través de tu séptimo centro de energía o a través del cuerpo. Es la transición de un estado de conciencia a otro. Un despertar de tu propia ilusión física.

∞

El fallecimiento es el alma despidiéndose de tu vieja perspectiva y dándole la bienvenida a tu espiritualidad. No existe tal cosa como descansar en paz después de «fallecer físicamente» a otra dimensión donde continuarás evolucionando.

El residuo energético de tu alma permanecerá en este mundo físico después de que hayas fallecido para consolar a sus seres queridos dentro de su alma de su sufrimiento mental.

∞

El fallecimiento natural es cuando alguien muere sin ninguna lucha mental y física durante el sueño o cuando no hay nadie alrededor, donde el alma y la mente han decidido pasar a otra vida espiritual o al Cielo.

∞

No existe tal cosa como un «alma perdida» en este universo. Todas las almas regresan al Cielo acá y ahora dentro de esta dimensión para que después regresen a este mundo físico en esta galaxia para seguir evolucionando y ayudar a otros.

∞

Cuando falleces traerás tu verdadera personalidad al Cielo y sabrás quién eres realmente: amor. Del mismo modo, si estás apegado emocional, física o mentalmente a un ser querido o a cosas materiales aquí en la tierra, ese residuo de tu alma permanecerá aquí en esta dimensión o realidad física. Cuando vuelvas, es posible que recojas tus rasgos de personalidad similar nuevamente.

∞

El suicidio es el acto de provocar fallecimiento. Los catalizadores del suicidio pueden ser traumas emocionales, dolor físico, miedos, culpa, vergüenza, depresión, ansiedad o cometer un crimen. Plantearse el suicidio es una señal de que las ideas distorsionadas sobre la vida han disminuido el deseo de vivir de una persona. Perder el deseo de vivir contribuye al fallecimiento de muchas maneras diferentes, como tomar drogas, beber alcohol, fumar cigarrillos, una mala alimentación, etc.

Una perspectiva espiritual puede animar a todo el mundo a mejorar sus ganas de vivir, a dejar de sentirse suicida y a empezar a vivir la vida de forma más constructiva y espiritual. Los seres queridos que han fallecido antes que nosotros no quieren que suframos; quieren que evolucionemos y celebremos la vida.

∞

Una experiencia cercana a la muerte se refiere al alma alejándose temporalmente del cuerpo físico, pero sin desconectarse completamente. Es el alma la que proporciona, a través de la mente consciente, la conciencia espiritual de que la vida continúa después de la muerte. Esta conciencia espiritual puede cambiar tu conciencia y tus experiencias en la forma física. Las personas que han experimentado una muerte cercana pierden el miedo a morir.

Una muerte cercana puede ser causada por un accidente, una cirugía, una enfermedad o un acto suicida. Durante una muerte cercana, se suele manifestar una experiencia de viaje astral en la cual el individuo que la experimenta observa a su propio cuerpo físico desde arriba. También es posible que veas a los seres queridos o amigos cercanos que hayan fallecido antes que tú. Puede que te digan que vuelvas a tu cuerpo físico para revolucionar tus viejas ideas y evolucionar espiritualmente.

Después de una muerte cercana, te volverás más espiritual, compasivo, servicial, tolerante, incondicionalmente amoroso, menos materialista y temeroso de la vida.

∞

En 1972, el hijo de mi hermana, Juan Pablo, me contó que cuando era joven vio morir a su abuelo y esta es su historia:

«Cuando tenía unos seis años, mi abuelo y yo éramos muy cercanos. Él era muy cariñoso, afectuoso y tolerante conmigo. A mi corta edad, no entendía el concepto de la muerte, aunque creía en la continuidad de la vida después de la muerte. Más adelante, mi abuelo me enseñó sobre la muerte. Cuando era adolescente, un domingo por la tarde, cuando mi abuelo estaba enfermo en el hospital, mis padres me llevaron a visitarlo. Recuerdo el color intenso de aquella tarde de domingo y, como resultó, iba a ser un día memorable. En un momento dado, mis padres salieron de la habitación, dejándonos a mi abuelo y a mí solos. Él estaba descansando y yo, como cualquier adolescente curioso, estaba observando los alrededores. Mientras miraba a mi alrededor, lo observaba y parecía que se había quedado dormido. De repente, vi una nube de vapor que salía de la parte superior de su cabeza, como el vapor que sale de una tetera, pero con menos intensidad, más lentamente y sin ruido. Corrí a decirles a mis padres que salía humo de la parte superior de la cabeza de mi abuelo. Mis padres pensaron que estaba bromeando, pero entraron en la habitación y vieron que mi abuelo ya había fallecido. Hasta el día de hoy reconozco lo profundo que fue haber presenciado el momento en que mi abuelo falleció en paz».

Reencarnación

La reencarnación es el regreso del alma a un cuerpo físico aquí en la tierra o en otro mundo en esta galaxia para continuar evolucionando, sin importar lo que fuiste en tu vida pasada.

Traes tus talentos, ya sea en los deportes, el arte, la danza, la actuación o la medicina de una vida anterior cuando reencarnas en esta forma física haciendo lo mismo, porque eso es lo que más recordarás. Cuando te reencarnas en esta realidad física, eliges a tus padres, el lugar, la raza, el género, la cultura, el orden de nacimiento y el tiempo. A veces, cuando regresamos a esta tierra, seguimos escogiendo el mismo padre, madre y los mismos hermanas y hermanos para estar juntos nuevamente hasta que evolucionemos espiritualmente para después regresar con otras familias más evolucionadas.

∞

El aborto es una breve reencarnación en esta forma física del alma de un niño. El aborto es también otra forma de reencarnación de una vida corta en este mundo físico creada por el alma del bebé no nacido para despertar conocimientos espirituales a la familia o padres.

∞

Si fuiste un alma evolucionada en una vida pasada, lo recordarás cuando reencarnes en este mundo físico, para poder seguir evolucionando y ayudar a los demás. Cuanto menos evolucionado estés en tu vida pasada, menos recordarás quién eras, así que recrearás un nuevo tú.

∞

Cuando tú y tu ser querido se reencarnan juntos en este mundo físico, es porque ambos han decidido volver y reunirse a través de diferentes familias para amarse de nuevo.

∞

Mi amiga Martha tiene una nieta llamada Lucy. Martha notó que esta niña tenía una excelente memoria de su infancia. Un día, Martha le preguntó:

—¿Hasta dónde puedes recordar tu infancia?

—Abuela, recuerdo haber elegido a mi madre antes de nacer. Sabía que me quedaría con ella y no con mi padre cuando se divorciaran —dijo Lucy. En otras palabras, el alma de Lucy antes de nacer vio el futuro de la separación de sus padres y decidió quedarse con su mamá.

Tales percepciones son comunes en los niños, pues sus mentes jóvenes aún no se ven afectadas por las tribulaciones de la vida. Si te vuelves como un niño, tranquilizas tu mente y simplificas tus pensamientos. Por ende, tú también podrás dirigir tu mente a las experiencias de tu alma antes de nacer.

∞

Cada reencarnación en este mundo físico es una oportunidad para seguir evolucionando espiritualmente. Tener esto en cuenta te permitirá tener el valor de crecer y ayudar a los demás.

CAPÍTULO 26

Las formas del cuerpo y sus características mentales

El cuerpo físico es tu vehículo e instrumento para la expresión de tu alma. Es una herramienta biológica muy sofisticada y compleja que contiene y expresa quién eres espiritualmente. Expresas tu ser espiritual y muestras tus características mentales y emocionales basadas en la percepción de tu vida.

A medida que comprendes espiritualmente más sobre la conciencia de tu cuerpo en conexión con tu mente y tu alma, te das cuenta de que tienes un cuerpo pensante que escucha a tu mente todo el tiempo, especialmente tu subconsciente.

Si sigues eligiendo, consciente o inconscientemente, estar enojado, triste, ansioso o frustrado, tu cuerpo responderá con el tiempo manifestando estas emociones y eventualmente se enfermará. Sin embargo, si sigues eligiendo, consciente o inconscientemente, ser feliz, fuerte, sano y físicamente activo, tu cuerpo te escuchará y podrás estar sano. La conciencia de tu alma es responsable de la funcionalidad y la expresión de tu cuerpo físico.

Tus acciones y tu lenguaje corporal hablan más que las palabras. El lenguaje corporal es el reflejo de tus pensamientos, emociones y deseos a nivel subconsciente. El noventa por ciento de la comunicación es a través del lenguaje corporal. Solo el diez por ciento de la comunicación es verbal. Permite que tu mente y tu cuerpo transmitan tu yo más positivo para estar sano y feliz.

Cuando tenía catorce años, conocía intuitivamente algunas ideas sobre los aspectos psicológicos de las formas físicas y el lenguaje corporal de las personas, incluido el mío. En 1977, en Lima, Perú, me mudé a la ciudad de Washington D.C., Estados Unidos, donde empecé a observar las formas del cuerpo y el lenguaje corporal de las personas y su conexión con sus características mentales y emocionales. Empecé a probar esta información con amigos y conocidos y, con el tiempo, la mayoría de las veces ellos validaron mis percepciones.

En 1978 me convertí en instructor de baile de salón, *coach* espiritual de vida y sanador holístico profesional, por lo que empecé a utilizar mis habilidades para leer las expresiones mentales y emocionales de las personas a través de sus formas físicas y su lenguaje corporal. Compartí mis perspectivas y experiencias espirituales en mi primer libro publicado en 2002: *El lenguaje corporal de la danza*. Utilizo esta conciencia y experiencia para ayudar a mis amigos, estudiantes de danza y clientes de *coaching* espiritual de vida a ser más conscientes de su estado mental.

Quiero compartir algunos aspectos del lenguaje corporal y unas perspectivas psicológicas sobre el cuerpo físico para estar consciente sobre lo que tú revelas. Sin embargo, cada persona es mental, física y emocionalmente diferente por lo que puede que no aplique a algunas personas:

Cabeza

Inclinar la cabeza ligeramente hacia el lado derecho indica la dominancia del cerebro derecho. Inclinar la cabeza hacia el lado izquierdo implica que predomina el cerebro izquierdo.

Sien

Una sien ligeramente hinchada implica que pueden tener un fuerte genio o que pueda fácilmente reaccionar negativamente cuando las cosas no van bien con otros. Tomar decisiones personales desde el momento presente puede producir resultados más constructivos.

Ojos y cejas

Las cejas expresan cómo te sientes con respecto a ti mismo y a los demás. Unas cejas pobladas pueden indicar barreras emocionales o que eres sobreprotector. Las cejas escasas muestran sensibilidad emocional. Tener las cejas altas de los ojos implica que eres irritable o que reaccionas negativamente ante los demás o eres defensivo.

Los ojos son las ventanas y expresiones de tus emociones, que expresan la alegría, el amor, la pena, la ira, la depresión o las incertidumbres etc. Todos tus pensamientos y emociones crean la expresión de tus ojos.

Los ojos sobresalientes o lagrimosos denotan a alguien emocionalmente frágil o inseguro. Desarrollar la autoconfianza espiritual puede ayudar a estas personas a ser mental y emocionalmente más fuertes.

Los ojos hundidos implican que un individuo está mental y emocionalmente afianzado y es bastante práctico debido a la confianza que tiene en sí mismo.

El contacto visual directo y tenso, sin parpadear, puede indicar una personalidad confrontadora y agresiva. Por el contrario, mirar hacia abajo o mantener poco contacto visual con los demás puede mostrar una baja autoestima o falta de identidad propia. Es importante destacar la costumbre de algunas culturas de mantener el respeto por los mayores mirando hacia abajo mientras se habla con ellos. Cuando conectas con los demás, a través de un contacto visual suave, entonces estás conectando con tu corazón y tu compasión.

Barbilla

Mantener la barbilla levantada y una expresión facial suave y amistosa es una indicación de confianza en sí mismo. Por el contrario, mantener la barbilla levantada con una expresión facial poco amistosa, implica que se pueda padecer un complejo de superioridad o que haya algo que no le guste de los demás.

Frente

Una frente sobresaliente indica que se puede ser mental, emocional y físicamente duro consigo mismo y con los demás, porque la acumulación de tensión puede producir ligeramente una hinchazón. Bajar las expectativas o críticas sobre sí mismo y los demás puede ayudarte a no reaccionar mucho con otros y ser más aceptable. Fruncir las cejas, consciente o inconscientemente, indica enfado por alguien o por algo.

Nariz

La forma de la nariz también puede destacar características de personalidad. Una punta de la nariz que va hacia arriba puede implicar poca autoestima, ser impaciente consigo mismo y con los demás o que piensan mucho. Una punta de la nariz que apunta hacia los labios puede indicar tener los pies sobre la tierra o tener una personalidad egocéntrica que pueda ser positiva o negativa.

Labios

Tener los labios grandes muestra que una persona es verbalmente expresiva y apasionada, mientras que tener los labios delgados puede implicar que se trata de alguien que muestra poco sus emociones o verdaderos sentimientos. Las personas que tienen el labio superior más grande que el inferior puede reprimirse a la hora de compartir cosas materiales con los demás que no sean sus seres queridos. Los que tienen el labio inferior más grande que el superior indican que les gusta compartir con sus seres queridos, conocidos y desconocidos.

Boca

Si las comisuras de la boca de una persona van hacia arriba, puede indicar que es alegre y optimista la mayor parte del tiempo, mientras que, si tiene las comisuras de la boca apuntando hacia abajo, puede mostrar de que se queja de las cosas que no le gusten o sea pesimista. Una boca protuberante implica asertividad y que es verbalmente agresiva con los demás.

Voz

Los hombres con voz femenina tienen características del hemisferio derecho y pueden mostrar un comportamiento delicado, con una capacidad natural para atraer a más amigas que amigos y pueden parecer físicamente más jóvenes de su edad. Las mujeres con voz masculina tienen características de cerebro izquierdo y pueden mostrar un comportamiento masculino. Atraen más amigos masculinos que femeninos y pueden parecer físicamente mayores de su edad.

Cuello

Las personas con cuellos largos y delgados son emocionalmente sensibles y piensan mucho. Sus sentimientos pueden ser fácilmente heridos. Un cuello grueso, por el contrario, indica resistencia emocional. Tienen los pies en la tierra, son prácticos y fáciles de llevar. Una protuberancia en la nuca (atrás del cuello) indica que la persona puede estar reprimiendo sus metas personales o su crecimiento espiritual y eligiendo consciente o inconscientemente ayudar a los demás antes de ayudarse a sí mismos. Una nuez de Adán protuberante indica que una persona puede no admitir fácilmente sus errores.

Orejas

La forma de las orejas también dice algo sobre la personalidad. Las orejas blandas implican la sensibilidad de escuchar el mundo interior y exterior. Ellos tienen la paciencia de escuchar a otros y también les gusta estudiar música. Las orejas rígidas o duras pueden indicar un enfoque cerrado de su mundo exterior. Estas personas dependen de sus propias decisiones. Las orejas inclinadas hacia delante indican que se trata de alguien que puede dejarse influir fácilmente por los demás, ya sea positiva o negativamente. Las orejas son vitales para la capacidad de escuchar e interpretar los pensamientos e intenciones de otras personas.

La parte superior del cuerpo

La parte superior del cuerpo (de la cintura para arriba) representa los aspectos emocionales y mentales, mientras que la parte inferior del cuerpo (de la cintura para abajo) representa lo físico y la sexualidad. Si la parte superior del cuerpo se inclina naturalmente hacia adelante, esto indica que se trata de una persona intelectual, calculadora, visual y que toma decisiones basadas en ideas pasadas o viejas. Si la parte superior del cuerpo se inclina naturalmente hacia atrás, entonces es una «persona de sentimientos» que toma decisiones con sus emociones y su corazón. Si la parte superior del cuerpo es proporcionalmente mayor que la inferior, puede indicar que tiene dificultades para expresar sus sentimientos.

La espalda encorvada suele indicar que se trata de alguien que lleva sobre los hombros mucha responsabilidad mental y física de la familia, los amigos o el trabajo; que está sometido a mucho estrés en la oficina ayudando mucho a los demás. El tomarse todas las cosas como algo personal genera gran incomodidad mental y emocional, lo cual puede limitar la capacidad de mantener la mente aguda. El equilibrio mental, emocional y espiritual es necesario sobre todo en la vida personal. Socializa y disfruta la vida con tus amistades, pareja o familiares.

Pechos y tórax

Un pecho naturalmente elevado de mujeres u hombres, me refiero a la caja torácica, indica confianza en sí mismo o a veces un gran ego. Un pecho cóncavo muestra la represión de las emociones negativas de las relaciones amorosas pasadas que pueden bajar su energía. Naturalmente, los senos grandes implican la alegría de cuidarse a sí mismo y a los demás, mientras que los senos pequeños indican que se cuidan a los demás antes que a uno mismo.

Muñecas

Las muñecas grandes muestran aptitud intelectual: leer libros o amor por la lectura. Las muñecas pequeñas implican características intuitivas: menos pasión por leer libros y poco a la lectura, pero con grande habilidad de ser creativos. Cuando los brazos están planos y las muñecas hacia arriba cuando la persona está acostada, indica que consciente o inconscientemente la persona elige reaccionar negativamente hacia los demás.

Brazos

Si sigues eligiendo consciente o inconscientemente cruzar el brazo izquierdo sobre el derecho, muestra algunas características del cerebro derecho, mientras que cruzar el brazo derecho sobre el izquierdo implica cierta dominancia del cerebro izquierdo.

Las manos

La forma de las manos puede revelar algunas características mentales. Por ejemplo, los espacios entre los dedos cuando están cerrados con las palmas abiertas pueden indicar que eres de mente abierta y poco convencional. Sin embargo, la ausencia de espacios entre los dedos, cuando están cerrados con la palma abierta, refleja a una persona idealista y convencional. Los dedos largos pueden implicar que crea y atrae oportunidades en la vida sin mucho esfuerzo, mientras que los dedos pequeños indican que necesita trabajar más de lo normal para conseguir lo que quiere. Los dedos delgados o huesudos indican que puede ser una persona intuitiva.

Las manos grandes y fuertes muestran que tiene una gran fuerza de voluntad para conseguir lo que desea o quiere en la vida. Utilizar esta fuerza de voluntad para mejorarse a sí mismo a través de la espiritualidad es un gran don que poseen esas personas.

Abrazar a otros con las manos cerradas o con los puños implica que estás mental y emocionalmente cerrado. Sin embargo, abrazar a otros con las manos abiertas demuestra que estás mental y emocionalmente conectado.

Dedos de los pies

Tener los dedos de los pies largos puede indicar un impulso sexual naturalmente fuerte. Tener espacios entre los dedos de los pies implica un fuerte impulso sexual y una inclinación a tener más de una pareja sexual. No tener espacios entre los dedos de los pies, sin embargo, implica que eres sexualmente fiel a tu pareja.

Pies

Los arcos altos de los pies pueden indicar que es una persona sensible y emocional con baja autoestima, o que piensa mucho. Los pies planos sugieren que es menos emocional y más práctico/con los pies en la tierra y que se hace la vida fácil y a los demás.

Caminar rápidamente con la cabeza levantada indica que se tiene mucha energía y que no le gusta dejar las cosas para después, mientras que caminar despacio demuestra que le gusta tomarte su tiempo para hacer sus cosas personales. Caminar lentamente con la cabeza hacia bajo indica que una persona está pensando o preocupándose mucho de su pasado. La vida está siempre delante de ti.

Tener los dedos de paloma (hacia adentro) indica egoísmo o falta de voluntad para compartir con extraños, pero no con los seres queridos. Los individuos que están parados o caminan con los pies apuntando hacia fuera diagonalmente siguen eligiendo complacer a los demás. Estas personas disfrutan ayudando a los demás y les gusta que los necesiten.

Piernas

Tener las piernas arqueadas puede indicar un fuerte impulso sexual. Las piernas largas implican aguante y logros físicos en deportes.

Reflejos

Los reflejos rápidos indican una elevada conciencia del ser: tu alma, cuerpo y mente trabajan perfectamente juntos. La conciencia puede cambiar tu realidad física. Si te dices todos los días y varias veces con voz alta esta afirmación puede hacerte más saludable: «Yo soy fuerte y saludable», «Yo soy paciente y tolerante». Tu cuerpo escuchará tus comandos y se harán verdad. ¡Créelo!

CAPÍTULO 27

Nuestra música convencional

La música es el lenguaje internacional de todas las culturas. A lo largo del tiempo, la humanidad ha celebrado sus alegrías, sus penas, su dolor y su sufrimiento a través de la música y las canciones. Los compositores de todas las culturas escriben música y letras que reflejan sus emociones y su visión del mundo. La música contemporánea de todas las culturas es un lenguaje universal que desencadena un profundo amor o miedo.

Escuchar música intensa con letras tristes y dolorosas puede bajar el estado de ánimo. Escuchar música romántica y animada con letras alegres puede refrescar tu estado de ánimo e inspirarte a bailar y celebrar la vida.

Me gustaría compartir algunas percepciones sobre la música para que elijas la música que quieres expresar, cantar, bailar o para hacer ejercicios:

Toda la música irradia una vibración/frecuencia que puede ayudar a complementar tu flujo de energía o interrumpirlo. Por ejemplo, la música insoportablemente alta o las canciones como el *heavy metal* o los sonidos distorsionados pueden bajar tu nivel de energía positiva, hacerte sentir muy tenso o disparar tu amargura, como si alguien se quejara y te gritara. Por el contrario, escuchar música instrumental lenta y relajante puede hacer que te sientas más relajado y cómodo.

∞

La música es energía que produce vibración positiva o negativa. Puede desencadenar recuerdos subconscientes y estimular la felicidad o la tristeza, el dolor o la curación, el trauma o la paz, etc. La música que desencadena la alegría y los buenos recuerdos hace que tu corazón y tu alma se eleven. La música que te recuerda el dolor, las penas, la ira, la venganza, las rupturas y los dramas puede desencadenar y traer recuerdos difíciles y hacerte sentir mal o con estrés.

∞

La música creada del amor lleva una frecuencia más alta y una energía de sanación que restaura al oyente a nivel celular. La música feliz es una forma de curación. Equilibra temporalmente la mente, el cuerpo, las emociones y el alma.

∞

Los sonidos de películas que son violentos o horrorosos pueden afectarte al nivel celular. Tu cuerpo siempre está escuchando y sintiendo todo lo que está viendo, pero tu mente no sabe la diferencia de lo que es real o no real, pero puede afectarte al nivel mental, emocional y espiritualmente. Por ejemplo, cuando escuchas, sientes y miras películas de violencia o de terror, vas a reaccionar y te puede afectar tu salud eventualmente.

∞

La música une a las personas para celebrar la vida y la unidad. Cualquiera puede bailar un tipo de música con cualquier persona. El baile es el lenguaje universal que comunica a todos en la pista de baile a través de la música.

∞

Escuchar música variada implica tener una personalidad flexible y una mente abierta y expansiva. Elegir música alegre te hará sentirte bien contigo mismo.

∞

La mayoría de las canciones de amor populares que se escuchan actualmente contienen mucho drama, necesidad, expectativas de otros, dependencia, depresión, lo cual impide superar las inseguridades. Por su parte, estas letras de baja conciencia animan a seguir y repetir mismas experiencias, en lugar de crecer espiritualmente. Encontrar música con letras positivas elevará tu espíritu y te permitirá avanzar.

Acá menciono algunas letras de unas canciones que pueden desencadenar miedos y hacer que sigas reviviendo tus experiencias negativas del pasado:

«Estoy perdido sin ti».

«Necesito tu amor».

«Soy nada sin ti».

«Tú eres todo para mí».

«Yo y mi corazón roto».

Seguir escuchando música con este tipo de letras puede convencerte de que no tienes el control de tu vida. Puede hacer que reprimas la espiritualidad y que valides el sufrimiento mental y emocional/baja conciencia que pertenece a las viejas ideas transmitidas por tu sociedad o cultura.

∞

Cantar canciones alegres te permite atraer y crear circunstancias alegres. Escribe y canta música alegre inspirada en el amor para sanar nuestro mundo. Escribe música espiritual para elevar nuestras almas. Canta canciones felices y atraerás felicidad:

«¡Yo me quiero mucho!»

«Te quiero, pero no te necesito»

«¡Yo soy perfecto!»

«¡Me estoy conociendo a través de ti!»

«No más guerras»

«La unión es la respuesta»

CAPÍTULO 28
Mis observaciones de nuestro poderoso cerebro

Algunos científicos dicen que utilizamos un diez por ciento de la capacidad de nuestro cerebro. Lo que yo creo, sin embargo, es que utilizamos alrededor del diez por ciento de la información que nuestra alma transfiere a nuestro cerebro. En otras palabras, una de las funciones del cerebro es ser un filtro o un transformador a través del cual interpretamos el diez por ciento de la información que está circulando desde la conciencia de nuestra alma a nuestra mente consciente.

Según algunos científicos, en el cerebro tenemos aproximadamente 100 millones de neuronas. Creo que estas neuronas también representan el alma manifestándose a sí misma como conciencia en todo el cerebro y el cuerpo. El cuerpo físico es un reflejo de la mente y la conciencia del alma.

Yo estoy constantemente actualizando la manera de pensar que heredé de mis padres y antepasados, para poder mejorar mi vida. Si sigues creyendo y recordándote a diario que eres un ser espiritual, te convertirás en esa persona porque tu conciencia puede cambiar tu realidad física.

A continuación, me gustaría compartir algunas breves perspectivas relativas al cerebro:

En las últimas décadas, la conciencia alta de nuestro mundo está iluminando la mente del ser humano, para que estemos más conscientes de nuestros pensamientos, acciones y comportamientos. A través de esta conciencia alta de este mundo, puedes acceder a tu sabiduría para superar tu antigua conciencia, como la falta de perdón, la venganza y la mentalidad de miedo.

En mi experiencia como consejero profesional de vida espiritual durante cuatro décadas, me he dado cuenta de que, en el primer, tercer o quinto hijo, es naturalmente más dominante el cerebro izquierdo, como la personalidad/energía del padre. Por el contrario, en el segundo, cuarto o sexto hijo es naturalmente más dominante el hemisferio derecho del cerebro, como las características de la personalidad/energía femenina de la madre.

Energía femenina - Dominancia del Cerebro derecho	Energía masculina - Dominancia delcerebro izquierdo
Segundo, cuarto, sexto hijo, sucesivamente	Primero, tercero, quinto hijo,sucesivamente

Tímido	Asertivo
Orientado a la acción	Verbal
Ambidiestro	Diestro
Artístico	Lingüístico
Adaptable	Menos flexible
Afectuoso	Menos afectuoso
Gran comilón	Come con moderación
Centrado	Extremista
Contenido	Malhumorado
Creativo	Copia a los demás
Descuidado	Perfeccionista
Compasivo	Neutral
No le gustan las reglas	Espera las reglas
Desorganizado	Organizado
Poco exigente consigo mismo	Exigente consigo mismo
Extrovertido	Introvertido
Hipermetropía	Miopía
Aspecto femenino	Aspecto masculino
Intrépido	Temeroso
Sentimental	Intelectual
Perdona	Rencoroso
Desprendido emocionalmente	Apegado emocionalmente
Fluye con la corriente	Va contra corriente

Piensa con el corazón (emocional)	Piensa con la cabeza (racional)
Holístico	Convencional
Vive el momento	Vive en el pasado o el futuro
Líderes	Seguidores
Perezoso	Muy trabajador
Menos responsable	Responsable
No juzgan	Juzgan
No lineal	Lineal
Sumiso	Dominante

Optimista	Pesimista
Predecible	Imprevisible
Paciente	Impaciente
Práctico	Calculador
Memoria a corto plazo	Memoria a largo plazo
Social	Solitario
Espontáneo	Planificador
Espiritual	Materialista
Dadivoso con quien sea	Comparte con pocos
Confiado	Desconfiado

Podemos determinar si somos más dominantes en el hemisferio derecho o del izquierdo del cerebro, resaltando las características de la lista de arriba. Siendo conscientes de nuestros rasgos dominantes, podemos empezar a equilibrar nuestras características cerebrales y desarrollar nuestras aptitudes y habilidades naturales, incluyendo ser ambidiestro.

CAPÍTULO 29
Revelaciones y experiencias espirituales

A lo largo de mi vida siempre he tenido un pie en mi realidad espiritual y el otro en mi realidad física. He tenido muchas reencarnaciones físicas, continúo teniendo experiencias de conciencia espiritual personal elevada y encuentros asombrosos con almas y seres evolucionados dentro de esta galaxia. Mi viaje con las experiencias espirituales de mi alma comenzó cuando era un bebé. Soy el cuarto hijo de seis hermanos y me reencarné en la Tierra en la montaña de Matucana, a dos horas de la ciudad de Lima (Perú).

De niño tenía una gran conciencia del mundo espiritual y de las manifestaciones espontáneas de las almas. Veía las auras de las personas, percibía sus intenciones y veía fantasmas y almas. A veces podía oír mi alma vibrando tan rápido que sonaba como una abeja voladora. Yo atraía o creaba estas experiencias espirituales, ocurrían de forma automática e intuitiva. Llegué a comprender que, para mí, esto era natural, pero lo guardaba para mí mismo. Inconscientemente, sabía que mi familia no lo entendería.

Cuando era niño, no pude hablar hasta los seis años, porque estaba muy involucrado con mis experiencias espirituales, como las experiencias fuera del cuerpo (viajes astrales) y ver almas en la esquina superior de mi habitación. No sabía lo que significaban estas experiencias. Más tarde me di cuenta de que, desde que era pequeño, mi familia, mis vecinos y mis amigos habían estado cuidando de mí para que después me convirtiera en un mensajero espiritual.

A la edad de siete años tomé conciencia y sentí que mis padres me adoptaron en esta forma física cuando nací a través de ellos. Todos somos hijos adoptados por nuestros padres en este mundo físico.

Quiero compartir algunas de mis experiencias espirituales sobre mi vida que me hizo un mensajero espiritual:

Tuve mi primera visión espiritual profunda cuando tenía cuatro años. Estaba en mi habitación solo a la hora de dormir preguntándome sobre la vida. Tenía los ojos cerrados y, de repente, a través de mi tercer ojo, vi mi alma de color blanco viniendo a la Tierra. En ese momento, comprendí que mi alma se había reencarnado en muchos lugares como viajero galáctico ascendido a través de diferentes razas dentro de esta galaxia como sirios, pleyadianos, sumerios y humanos. Todos venimos de diferentes partes dentro de esta galaxia.

En ese momento, no imaginé que podría haber sido un ser o raza de otro mundo, pensé que mi familia y yo éramos personas como las demás. Ahora sé que mi alma vino con un propósito: compartir su sabiduría y sus verdades sobre la vida. Ahora tiene sentido. Pero entonces, a la edad de cuatro años, todo era un misterio para mí.

Más tarde, ese mismo año, me pregunté acerca de mi futuro. Por primera vez, oí mi voz espiritual (voz multidimensional) interior decir: «Te va a ir bien en la vida». Dejé de preocuparme por lo que ocurría y empecé a confiar en mi voz interior o multidimensional. Y, efectivamente, la mayor parte de mi vida me ha ido muy bien.

Mi intuición ha sido la piedra de fundación para mí. Siempre he confiado en ella y he permitido que me guiara por un camino espiritual cada vez más lúcido. Como resultado, he crecido y me he convertido en un *coach* espiritual de vida. Como tenía fe en que mi intuición no me defraudaría, pude compartir la psicología metafísica intuitiva (causa y efecto/más allá de lo físico), la sanación y las experiencias espirituales en mis círculos sociales y profesionales para la mejora de todos.

Cuando era niño, ocurrieron todo tipo de fenómenos espirituales, pero no me di cuenta de lo diferente que era. Por ejemplo, imagina mi sorpresa como niño cuando de repente sentía la presencia de pequeñas almas (pequeñas luces circulares) revoloteando alrededor de las mujeres adultas que venían a nuestra casa. Más tarde, descubrí que algunas de esas mujeres estaban embarazadas.

Cuando tenía ocho años, tomé conciencia de mi perspectiva espiritual interna: comprendí la verdad espiritual sobre la vida eterna y la reencarnación. Empecé a percibir con mi tercer ojo, las almas y los fantasmas y concluí que la muerte era meramente física, no espiritual, que simplemente cambiamos de forma al dejar nuestros cuerpos físicos para volver al universo espiritual (el Cielo dentro de esta dimensión) hasta nuestro siguiente viaje físico o reencarnación.

Con el tiempo, me di cuenta de que podía ver mi aura o alma a través de mi tercer ojo, en forma de energía de color magenta frente a mí, cuando cerraba los ojos durante mi meditación. También llegué a comprender que había venido a la Tierra por voluntad propia para seguir evolucionando hacia una conciencia más elevada, ayudando a otros a tomar conciencia de sus vidas espirituales.

Primeras experiencias negativas con fantasmas

Cuando tenía diez años, estaba tomando una siesta mientras mi hermano menor estaba en la cama de al lado. De repente, sentí que una energía negativa invisible (conciencia baja) me empujaba hacia mi plexo solar. Me quedé paralizado física y mentalmente; no podía hablar ni mover un músculo. Llamé mentalmente a mi hermano para que me ayudara, pero él no podía oírme. Nunca había experimentado algo tan extraño. Tenía miedo. Mi madre me había dicho meses antes que, si los fantasmas me molestaban, me defendiera, me enfadara y los maldijera. Lo intenté y funcionó. Después de unos minutos de lucha con esta energía negativa, se fue.

Años más tarde, tuve otro encuentro con un fantasma negativo. Iba a recoger a mis padres en mi carro para ir al supermercado y estaba parqueado fuera de su casa esperando, cuando sentí que mi tercer ojo se abrió. De repente, vi a un hombre a mi derecha apuntando a mi cabeza con una pistola. Asustado, moví la cabeza rápidamente hacia atrás y entonces me di cuenta de que solo era un fantasma que quería asustarme. Y lo logró.

Encuentro con un OVNI

Cuando tenía catorce años, vi por primera vez un OVNI (objeto volador no identificado) en Lima. Fue una de las experiencias más emocionantes que he tenido. Pude relacionarlo con cosas que ya sospechaba sobre la vida, cosas que había conocido intuitivamente sobre otros seres de diferentes partes de esta galaxia que visitaban la Tierra.

Era temprano en una noche de invierno. Estaba solo en el dormitorio de mis padres, mirando por la ventana de mi vecino. Miré hacia arriba y vi un objeto grande, oscuro y ovalado, con luces blancas parpadeantes alrededor de su centro, volando por encima del techo de nuestra casa. Corrí hasta el tercer piso y lo observé más o menos a quince metros de distancia, mientras se elevaba lenta y silenciosamente y desaparecía en el Cielo. Me guardé la experiencia para mí solo. Mucho más tarde, cuando se lo conté a mis padres, mi madre no me creyó.

Mi experiencia con la voz multidimensional

En 1980 vivía en Arlington, Virginia (Estados Unidos), cuando tuve otra experiencia sobrenatural. Estaba acostado con los ojos cerrados. Me desperté de repente cuando dejé de oír todos los ruidos exteriores y en su lugar oí una suave cascada en la parte baja de mi cabeza. Una voz clara me dijo: «No tengas miedo». Nada más. La voz no era ni masculina ni femenina, solo una hermosa voz que se comunicaba conmigo... «No tengas miedo». A pesar de estas palabras de seguridad, me asusté, así que abrí los ojos y dije «¿Quién está ahí?», pero no hubo respuesta. En ese momento me di cuenta de que mi voz interior o multidimensional se me presentaba. Años después comprendí que era una voz multidimensional representando todas mis guías espirituales que vivieron en este mundo físico anteriormente y parte de sus alma siguen viviendo acá contigo.

Más tarde, en el departamento de mis padres, estaba meditando en mi cama con los ojos cerrados. Después de unos minutos, mi tercer ojo se abrió y vi un alma de color blanco a mi lado izquierdo en el techo apuntando sus manos hacia mí. Mi alma se levantó de repente de mi cuerpo físico y levitó hacia el techo. Mientras flotaba, me sentía a gusto, muy liviano, rejuvenecido y en paz. Al cabo de unos segundos, mi alma descendió, volviendo a mi cuerpo físico, y abrí los ojos y exclamé: «¡Impresionante!».

Ver las almas de mis hijas por primera vez

En 1981 un amigo intuitivo me dijo que pronto iba a conocer a una mujer que sería muy importante en mi vida. Lo intuí como una posibilidad real. Dos meses después, una nueva alumna de baile se unió a mi clase de salsa en Bethesda, Maryland, y semanas más tarde empezamos a salir de novios. Unos meses después, me invitó a su casa. Estábamos acostados en el sofá besándonos cuando, de repente, vi dos almas sobre mi lado izquierdo (redondas y blancas, de más o menos diez centímetros de diámetro) que descendían del techo de tres metros hacia la parte superior del cuerpo de ella. Entonces, oí una voz interior que decía: «Tendrás dos hijos con tu enamorada».

Un año después, mi novia y yo nos casamos. Cinco años después, nació nuestra primera hija. Dos años después, llegó nuestra segunda hija. Disfruté ser padre y me divertí mucho con mis hijas antes que se fueran a la universidad. Ahora están estudiando, la mayor en su tercer año de Medicina (también estudiando Medicina Holística) en Canadá y la menor en su primer año de maestría en Relaciones Internacionales en Ginebra (Suiza).

Experiencias con fantasmas

En 1983 mi esposa y yo fuimos a dar clases de baile al Gettysburg Universidad de Pensilvania. Nos registramos en el hotel cercano y nos fuimos a dormir a las 11:00 p.m. Alrededor de las 3:00 a.m. empecé a escuchar a la gente afuera del hotel gritando en las calles, el teléfono de la habitación del hotel sonaba y el televisor empezó a prenderse y apagarse solo. Al día siguiente, pregunté en la recepción si alguien había llamado a mi habitación la noche anterior; la recepcionista del hotel dijo: «No le hemos llamado».

Más tarde, después de dar la clase de baile, alguien me dijo que la zona donde estábamos dando las clases de baile había sido el campo de la batalla de Gettysburg de la Guerra Civil. Entonces, me di cuenta de que muchos soldados en esta guerra que murieron sufrieron gran dolor, miedo, violencia y habían dejado estas experiencias negativas en la tierra a nivel energético. Mi intuición estaba abierta y pude escuchar los gritos y el sufrimiento de estos soldados que habían fallecido en la guerra. Pero mi esposa no oía nada, salvo la televisión que se prendía y se apagaba y el timbre del teléfono.

Mi experiencia de Nirvana

En 1987 estaba obsesionado con mi espiritualidad. Había estado consciente del concepto espiritual del Nirvana como el mayor amor de la vida y la conciencia más elevada siendo más joven, pero no fue hasta mis treinta años que lo experimenté.

Un día mi novia y yo estábamos haciendo el amor y, unos minutos después, mi orgasmo sexual, mi energía de amor, comenzó a extenderse a través de los centros de energía de la parte superior de mi cuerpo, abriéndose, se sintió inmenso y tangible. La parte superior de mi cuerpo empezó a temblar de un lado a otro y entonces una conciencia espiritual salió en mi mente consciente diciendo: «Esto es el Nirvana».

Ahora me doy cuenta de que, en todos esos años, teniendo estas experiencias espirituales de conocerme, ayudarme, amarme, abrazarme espiritualmente, me he estado convirtiendo en un mensajero espiritual.

He dado muchas charlas sobre espiritualidad y metafísica en diferentes institutos espirituales de mi área, como la Capilla Metafísica y el Instituto para el Desarrollo Espiritual. También he dado charlas en Washington D.C. (Banco Mundial), Virginia, Maryland, entre otros estados de Estados Unidos y en treinta y seis países.

En 1992 yo estaba en mi casa haciendo mi meditación diaria de una hora cuando, de repente, hice un viaje astral y floté hacia una dimensión espiritual silenciosa. Sentí que mi alma vibraba rápidamente, sonaba como una abeja voladora. De pronto, sentí una presencia incómoda junto a mí de un fantasma o alma. En mi mente dije: «¡Vete de aquí!».

Segundos después, mientras empezaba a flotar con mi alma de forma natural a través de una niebla en dirección a mi oficina, vi los fantasmas de tres niños (dos niñas y un niño). Pude verlos en su forma humana a nivel energético y el niño tenía sangre en la mejilla derecha. Era tímido y se retiró detrás de mi escritorio al acercarme a él. Mientras tanto, las niñas y yo nos miramos fijamente observándonos.

Decidí volver y mi alma flotó hacia el cuarto de juegos de mi casa para regresar a mi cuerpo físico. Me pregunté si esos niños habían fallecido en mi casa en alguna época o en mi barrio. Posteriormente, busqué en la biblioteca local, sobre la historia de los anteriores ocupantes de mi casa, pero tras varias horas de investigación, me quedé con las manos vacías.

Experiencias con almas evolucionadas

En 1995 vivía en Falls Church, Virginia (Estados Unidos). Había estado practicando la meditación diaria para sintonizar con el mundo espiritual. Estaba acostado de espaldas en mi habitación, meditando, cuando de repente sentí que mi tercer ojo se abría automáticamente. Vi una energía de color oscuro, o alma, con forma humana y con pequeñas luces blancas brillantes en su interior, sentado sobre mi estómago. Nos miramos fijamente y sentí una energía femenina distinta. Estaba sorprendido, pero me sentía cómodo y sin miedo. Sentí que ella era de otro mundo o de otra raza de esta galaxia o de otra dimensión. Diez segundos después, se desmaterializó y desapareció. Creo que vino a validar mi perspectiva de la existencia de otros seres espirituales en esta galaxia.

En 1999 estaba fascinado y era consciente de la existencia de almas amistosas a mi alrededor que me ayudaban en mi desarrollo espiritual. Un día, estaba meditando en mi casa cuando de repente experimenté un viaje astral. Un alma femenina angélica se puso detrás de mí y sostuvo mi mano izquierda con su mano izquierda. Yo tomé su mano derecha con mi mano derecha y nuestras almas volaron sobre las calles de la urbanización, detrás de los autos y sobre las aceras. Todo estaba en silencio.

Volamos tan alto que pude ver monumentos desde más o menos tres mil pies de altura. Me sentía tan bien, tan libre y protegido. Le pregunté su nombre telepáticamente, a lo que respondió: «Soy Karla». Empecé a pensar: «¡Sí, claro! ¡Qué coincidencia! ¡Yo me llamo Carlos!». En ese momento me di cuenta de que ella podía leer mis pensamientos y me dio vergüenza. Pero a ella no pareció importarle. Me sentí muy bien volando con esta alma angélica femenina. Cuando de repente vía el sol frente a mí, volví a mi cuerpo físico.

Viendo un planeta azul

En 2002 tomé conciencia del mundo del que vengo anteriormente en esta galaxia. Una vez, estaba sentado meditando durante una hora cuando, de repente, mi alma hizo un viaje astral y, segundos después, estaba frente a este gran y hermoso planeta azul claro. ¡Fue tan asombroso verlo frente a mí desde miles de kilómetros de distancia! Mi alma flotaba en el espacio y podía ver todo el planeta azul claro y redondo. Segundos después, volví a mi cuerpo físico y me hice consciente de mi experiencia.

Transportando mi alma a otro mundo

En 2005 después de llevar a mis hijas a la escuela, llegué a casa y me acosté en mi cama. Puse una almohada sobre mi cara con la intención de meditar treinta minutos.

De repente, alguien o algo transportó mi alma a otra dimensión espiritual. Quise quitar la almohada para ver quién o qué me sacaba de mi cuerpo.

Me resistí por un momento cuando escuché telepáticamente la voz en la parte posterior de mi cabeza de un alma evolucionada que decía: «¿Quisieras conocer la vida en otros mundos?», a lo que respondí: «Sí». Me relajé, oí un zumbido y una campana, y vi una serie de círculos concéntricos que se hacían cada vez más pequeños y se movían hacia el centro de una luz que me llevaba directamente a otra dimensión u otro mundo dentro de esta galaxia.

Durante esta transición, no escuché ningún sonido ni vi nada; simplemente me llevó a otro mundo. Segundos más tarde estuve en una casa y vi a un hombre amistoso en forma física y humana con una cara de color naranja y pelo blanco sentado en un escritorio. Vi mi alma flotando hacia él, y él sintió mi presencia y dijo, telepáticamente: «Hola, ¿en qué puedo ayudarle?». Segundos después, dos mujeres con la piel y la forma física del mismo color entraron en la casa mientras el hombre y yo estábamos dentro. El hombre me dijo entonces: «¡Sígueme!».

Al salir, tropecé con una mesa. Las dos mujeres que estaban detrás de mí se dieron cuenta de que mi alma era una extraña en la casa. Mi alma continuó siguiendo al hombre y, mientras flotaba por su hermoso jardín amarillo con hierba amarilla brillante, reconoció la presencia de mi alma volviéndose aún más brillante.

El hombre me detuvo y señaló un lugar alto en el terreno y dijo: «¡Ve a la tierra alta para volver a tu mundo!». El lugar era un vórtice a una dimensión espiritual diferente donde se podía viajar por toda esta galaxia. Dos veces le pregunté: «¿Dónde estoy?». Pero no respondió. De repente, volví a mi cuerpo físico. Al reflexionar sobre la experiencia, me sentí aliviado, porque la mayor parte de mi vida he sido consciente de los viajes astrales, las experiencias de viajes astrales y la vida en otros mundos. Esta experiencia de viajes astrales en otro mundo me permitió comprender un poco más la naturaleza de mi alma.

Encuentro con las almas de mi hermana y mi padre

En 2018 mi hermana mayor, María, falleció de cáncer de páncreas. Dos horas después, mis hermanos y yo estábamos hablando en la sala de la casa de mi hermana, cuando de repente se oyeron muy claramente unos golpes en la puerta principal. Uno de nosotros abrió la puerta, pero no había nadie. Creo que ella estaba llamando a la puerta para hacernos saber que estaba allí con nosotros en espíritu y que estaba bien.

Varios meses después, en los Estados Unidos, su alma apareció frente a mí mientras meditaba una mañana en mi oficina. Sentí que salía de mi cuerpo y flotaba hacia el techo de mi departamento. Vi su alma y nos abrazamos. Con su sentido del humor hispano, me dijo telepáticamente: «Te sientes como una leña», queriendo decir que mi alma se sentía muy caliente. Le dije: «¡Te quiero!». Luego de unos segundos después, ella se fue.

Dos meses después, mi padre me contó que había tenido una vívida visión de mi hermana. Ella también había venido a visitarlo, aunque él no tenía conocimiento de su muerte. Una semana después, mi padre falleció a la edad de 97 años.

En 2020 yo estaba meditando cuando los residuos del alma positiva y negativa de mi padre se aparecieron detrás de mí y me preguntó: «¿Cuál es mi apellido?». Sentí que estaba enojado conmigo y le dije: «Gutiérrez». Unas semanas después, me di cuenta de que mi papá no estaba muy contento porque estaba escribiendo mi cuarto libro y no iba a usar su apellido, solo mi primer nombre. Él siempre estuvo muy orgulloso de su apellido. Más tarde, por consejo de mis dos editores, decidimos utilizar mi apellido en mi libro.

Mi anterior encarnación en la vida física

Entré en un periodo de introspección personal preguntándome sobre mí mismo, los demás, la vida y de dónde venía. Más tarde, ese mismo año, dibujé de memoria mi autoidentidad espiritual o mi anterior encarnación física como un ser evolucionado antes de venir a la Tierra.

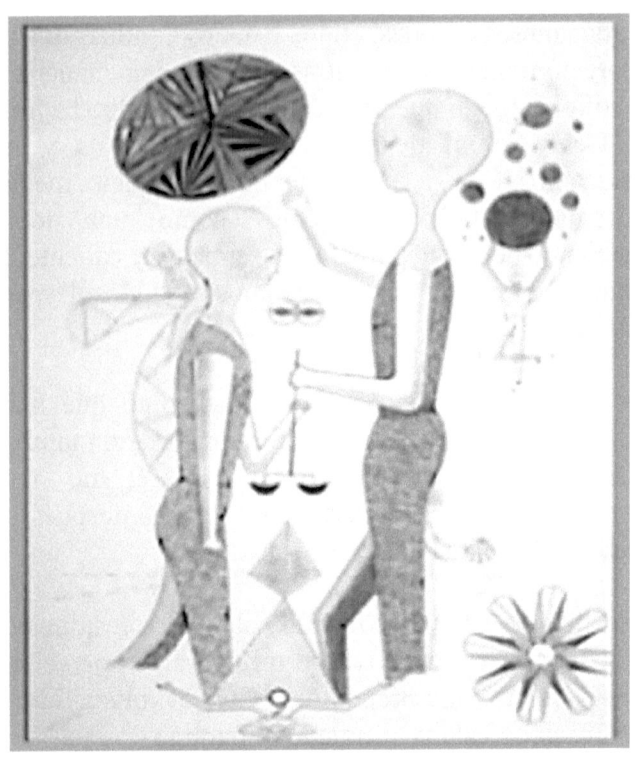

1983 dibujo a lápiz del autor

Mi identidad espiritual

Viajero coach galáctico de una encarnación de vida anterior

La parte superior izquierda del dibujo

La figura ovalada es un portal hacia otra dimensión espiritual dentro de esta galaxia.

La parte izquierda del dibujo

Un ser de corta estatura, un ser evolucionado que me representa. En la nuca hay un pequeño ser evolucionado que representa mi sabiduría espiritual, mi intuición y el hecho de compartir las verdades espirituales con el mundo. Estoy sosteniendo la balanza de la vida (compartiendo el equilibrio espiritual y físico con los demás).

Por encimade la balanza de la vida

Un número ocho, en horizontal representa el infinito, manifestación y la abundancia de vida.

Debajo de la balanza de la vida

Una pirámide que representa el equilibrio de mi alma, mente y cuerpo.

En el centro de la parte inferior del dibujo

El número nueve (cabeza) representa completo en esta forma física.

El lado derecho del dibujo

Un ser evolucionado alto que representa mi conciencia alta. Un ser evolucionado que sostiene una pelota que representa mi alegría.

La parte superior derecha del dibujo

Mi alma blanca viajando y encarnando en la Tierra de otro mundo. Mis piernas forman el número cuatro, representando los cuatro lados de la Tierra.

La parte inferior derecha del dibujo

La rueda de la vida/ciclos de mi conciencia alta.

Definiciones espirituales

Convertirte en ser espiritual te permite experimentar y atraer palabras espirituales para expresar tu verdad y ayudar a los demás para que encuentren los suyos.

Los siguientes términos pueden utilizarse para hablar con conciencia y para experimentar tu propio viaje espiritual:

Espiritualidad

La espiritualidad es metafísica de la vida que evoluciona con la conciencia alta y es la más grande expresión de libertad, estar consciente de tus experiencias internas a través de tu alma. Es la conexión a todos y todo al nivel energético en este mundo y en este universo.

Como es arriba, es abajo

Como es arriba, es abajo (metáfora). Esta es una verdad espiritual y significa simplemente que todo lo que existe en el Cielo (arriba), a nivel espiritual o energético, también existe en la Tierra (abajo) a nivel físico. Esta verdad espiritual también significa que todo el mundo está viviendo la vida simultáneamente en dos lugares diferentes al mismo tiempo.

Ser

Esto significa estar alegremente vivo o con impulso apasionado. Es el estado más elevado de existencia de tu magnífica alma y Espíritu, que crea las circunstancias en la vida. Está en la naturaleza de tu alma amarte a ti mismo y a los demás incondicionalmente. A través del amor, puedes atraer conscientemente y experimentar más alegría, porque la alegría es amor demostrado.

El Cielo

El Cielo (nuestro primer hogar) es una dimensión espiritual dentro de esta dimensión física, aquí y ahora, donde todos residimos antes de unirnos al mundo físico (segundo hogar) en esta galaxia. (Nota: Al utilizar la palabra Cielo, no estoy implicando el concepto general de «Cielo e Infierno» que mencionan algunos libros sagrados).

Voz interior

La voz interior (sin género) es la voz telepática de un guía espiritual tuyo que se está comunicando a través de tu mente y tu glándula pineal. Esta experiencia pasa para alentar tu vida espiritual.

El amor

El amor es el estado más grande y elevado de conciencia/autoconciencia y energía pura del alma y del Espíritu, que te permite cocrear y evolucionar espiritualmente con los demás. El amor te permite aceptar, recibir y dar la abundancia de la vida a ti mismo y a los demás incondicionalmente. Cuando menciono el amor en este libro, me refiero al amor incondicional.

Metafísica

La metafísica es la causa y el efecto más allá de la realidad física. Lo que estás pensando, siendo y haciendo en esta vida presente, sea de manera consciente o inconsciente, se manifestará en el plano físico. Los metafísicos practican y experimentan conscientemente las leyes espirituales del universo para evolucionar en conciencia y ayudar a otros que buscan la conciencia espiritual.

Mente

Una de las funciones de la mente es almacenar todos tus pensamientos a través del cuerpo y tu alma para experimentar tu realidad física. También puedes encontrar en tu mente tu libertad incondicional para crear tu autoidentidad espiritual diferente a la de los demás.

Nirvana

El Nirvana o paraíso no es un lugar físico o espiritual que nos espera, sino que es la máxima conciencia espiritual y la experiencia más grandiosa a nivel energético del amor dentro de nuestra alma y Espíritu. El Nirvana es la experiencia más profunda del aspecto más elevado del amor donde podemos conectar con nuestro Creador/Espíritu.

Alma

El alma magnífica e infinita es parte del Creador y es una expresión y autoimagen/amor del Espíritu a nivel energético. Esta alma increíble es nuestro estado de conciencia más elevado. El alma es también nuestra identificación personal con la que podemos estar espiritual y físicamente en este universo. Cuando utilizo el concepto de «un alma» (Todos Somos Uno), estoy incluyendo dentro de esta frase que todas las almas son una identidad universal. La conciencia de tu alma es tu ser interior (quién eres realmente). La conciencia del alma es la autorreflexión del Espíritu.

Fantasma

Los fantasmas o almas son aquellos que han vivido aquí en la Tierra y han dejado atrás sus residuos de las energías positivas o negativas de su alma. Si eres lo suficientemente sensible, puedes ver, oír y sentirla felicidad, el dolor o el sufrimiento que han dejado a nivel energético.

Sentimientos

Los sentimientos son el lenguaje del alma que te guían a lo largo de este viaje físico para que puedas evolucionar espiritualmente. Tus «presentimientos» pueden ser experimentados generalmente en tu plexo solar cuando el alma se está comunicando contigo.

Espíritu

El Espíritu es el extraordinario Creador que reside dentro de nuestra alma en el área del corazón, el cuerpo y el alma. Es la energía invisible que, por amor y a través de su propia imagen energética, creó a todos y a todo. El Creador/Espíritu/Dios no castiga ni juzga negativamente a nadie ni a nada en este planeta o en el universo, sino que nos da una abundancia de amor y sabiduría para evolucionar en conciencia.

Tercer ojo

El tercer ojo es el área del cuerpo físico que se cree que alberga una supra conciencia más allá de la realidad física o diferentes dimensiones espirituales aquí, ahora y en todas partes. Tu tercer ojo es la ventana de tu alma y está localizada entre tus cejas en la mitad de la frente y está conectada a tu glándula pineal en el centro de tu cerebro, lo que facilita una visión y audición espiritual de 360 grados para que puedas ver dimensiones, almas, fantasmas y sus residuos positivos y negativos de energías que dejaron en esta Tierra. El tercer ojo puede ayudarte a ver y encontrar personas o cosas desde una distancia muy larga, lo que se llama visión remota (leer la energía del campo o leer los pensamientos de las personas).

Tu realidad

Tu realidad actual no es lo que parece ser (lo que estás viendo) sino lo que crees que está sucediendo o lo que estás viendo en tu mente a través de tus viejas perspectivas. Tu realidad actual es la acumulación de tus opiniones, creencias, comportamientos, verdades, tus cinco sentidos y subconsciente (memoria mental) que están conectados a tus experiencias pasadas. Todo lo que ves y oyes es una perspectiva, no necesariamente la verdad.

Entender tu espiritualidad puede ayudarte a crear, ver y experimentar una realidad última que puede unir a la gente en nuestro mundo. Tu realidad espiritual es más importante que tu realidad física, porque lo más probable es que tu realidad física no te haya ayudado a evolucionar.

Conciencia alta

La alta conciencia (energía de luz) es tu estado natural de tu alma. Es la expresión incondicional del amor, compasión, paz, sabiduría, libertad, y felicidad que puede hacer más saludable tu vida. Baja conciencia (energía oscura) por otro lado es tu mente expresando miedo, ansiedad, estrés, pesimismo, odio, control, codicia y mentiras.

Mantra del alma para la mente

Repetir esta oración, mantra o afirmaciones una o dos veces al día invita a tu mente consciente, a través de tu alma, a elevarse a la conciencia alta y experimentar la unidad con los demás. Este mantra te ayuda a darte cuenta de quién eres realmente. Cuando empiezas a experimentar este mantra, a través de la práctica, tu conciencia lo aceptará y vas a tener la experiencia de unidad con otros:

Yo soy la luz,

Yo soy Espíritu Divino

Yo soy amor,

Yo soy paz,

Yo soy alegría,

Yo soy sabiduría,

Yo soy libertad,

Yo soy digno,

Hay una familia en esta tierra, nuestra magnífica familia y hay un alma en esta Tierra, nuestra magnífica alma. Amén.

CONCLUSIÓN

La vida es eterna. La vida no puede terminar, porque eres uno con el Espíritu/Amor, que es la vida misma. El Espíritu está siempre cambiando, creando y recreándose a sí mismo. Tú has sabido esto desde el principio de tu vida. Pero hasta ahora, comenzarás a despertar tu mente.

¡Todos somos uno y magníficos! ¡Todos somos amor y paz!

¡Sé amor, mi amado!

Carlos

Contraportada

¡Ayúdate! es un libro de autoayuda para todos los que quieran evolucionar en conciencia alta y tomar el control de su vida. Si deseas disfrutar de la vida, ampliar tus perspectivas espirituales, superar los desafíos de la vida y evolucionar personalmente, contribuyendo al mismo tiempo a la creación de una sociedad evolucionada, *¡Ayúdate!* puede cambiar tu vida. Tu deseo de evolucionar es el primer paso para experimentar la espiritualidad.

Utilizando los conocimientos intuitivos y las experiencias espirituales que el autor comparte en este libro, puedes convertirte en quien has venido a ser. Puedes ayudar a acabar con la violencia y el sufrimiento en esta Tierra y traer la unidad a ella.

Carlos es un ascendido, un alma galáctica viajera, consejero de vida que se reencarnó en la Tierra para compartir sus perspectivas espirituales. En este libro, explica sus experiencias personales de vida espiritual y te proporciona a ti, el lector, la sabiduría infinita del alma. Con su comprensión del Espíritu divino, Carlos ha pasado su vida ayudando a las personas a tomar conciencia de quiénes son: magníficos seres espirituales, sabios sin medida. Tú también puedes llegar a darte cuenta de que la sabiduría compartida en este libro ya está dentro de tu alma. En tus manos tienes tu perspectiva espiritual.

Carlos lleva cuatro décadas trabajando como *coach* profesional espiritual de vida, practicante de sanación espiritual de reiki y enseñando bailes de salón en los Estados Unidos y a nivel internacional. También es autor de *El lenguaje corporal de la danza*, *Sabiduría en acción* y *Nuestras verdades espirituales*. Cree que nuestra alma es el mejor *coach* espiritual de vida para todos nosotros porque contiene toda la sabiduría y las perspectivas espirituales sobre la vida que necesitamos conocer.

Foto por Xenophone G. Stamoulis

www.ingramcontent.com/pod-product-compliance
Lightning Source LLC
LaVergne TN
LVHW041938070526
838199LV00051BA/2837